赋能型领导

UNLEASHED

[美] 弗朗西丝・弗赖
Frances Frei

[美] 安妮・莫里斯
Anne Morriss

著

何文忠　张乐怡　张涵纳

译

中信出版集团 | 北京

图书在版编目（CIP）数据

赋能型领导 /（美）弗朗西丝 · 弗赖，（美）安妮 · 莫里斯著；何文忠，张乐怡，张涵纳译 . -- 北京：中信出版社，2022.10

书名原文：Unleashed：The Unapologetic Leader's Guide to Empowering Everyone Around You

ISBN 978-7-5217-4390-6

Ⅰ . ①赋… Ⅱ . ①弗… ②安… ③何… ④张… ⑤张… Ⅲ . ①企业领导学－通俗读物 Ⅳ . ① F272.91-49

中国版本图书馆 CIP 数据核字（2022）第 091138 号

赋能型领导
著者：　［美］弗朗西丝 · 弗赖　［美］安妮 · 莫里斯
译者：　何文忠　张乐怡　张涵纳
出版发行：中信出版集团股份有限公司
（北京市朝阳区惠新东街甲 4 号富盛大厦 2 座　邮编　100029）
承印者：　北京盛通印刷股份有限公司

开本：880mm×1230mm 1/32　印张：8　字数：160 千字
版次：2022 年 10 月第 1 版　印次：2022 年 10 月第 1 次印刷
京权图字：01-2020-3721　书号：ISBN 978-7-5217-4390-6
定价：59.00 元

服务热线：400-600-8099
投稿邮箱：author@citicpub.com

推荐语

在我们最迷茫的时候，弗赖和莫里斯撰写了这本领导力权威指南。她们笔调新奇，风趣又直白，使我们跳出自我的偏狭，专注于领导力的真正挑战，即如何帮助他人释放全部潜能。

——**阿里安娜·赫芬顿**，Thrive Global（健康内容平台）创始人兼首席执行官

弗朗西丝·弗赖和安妮·莫里斯从丰富的工作经验中吸取教训，教会领导者和公司如何蓬勃发展，同时证明信任是一种竞争优势，是建立高效且快乐的团队的关键。

——**董明伦**，沃尔玛总裁兼首席执行官

在领导力的旅途中，无论你在哪儿，书中引人入胜的故事和真实的案例都能向你展示高效领导者的特质，助你为他人赋能，使他们能尽最大努力，产生持久的影响。

——**佩姬·约翰逊**，微软原业务发展部执行副总裁

要想扩大公司的规模，有一种方法是按照这本书的思想领导团队，做一个依靠团队的决策和行动取得成功的领导者。

——**黄仁**，Reddit（社交新闻站点）首席运营官

目前，在工作场合谈论爱仍不正常，但它理应是正常的。在职场中，爱是幸福和生产力的基础。对所有志在新兴的未来中发挥最大作用的领导者来说，这本书是有力的资源。

——**米格尔·麦凯尔维**，WeWork（共享办公室）
联合创始人兼首席文化官

弗赖和莫里斯拥有独特的天赋，懂得如何让领导者释放自身、团队和企业的潜力。对我和我们的领导团队来说，她们在这本书中分享的指南是无价的。

——**雅基·坎尼**，WPP（广告传播集团）原首席人力官

在这本书中，弗赖和莫里斯总结了领导力的内涵，用说服力极强的案例证明了高效领导的可能性。这些故事和框架帮助我在人生旅程中迈出了有意义的步伐，让我成为更好的人和更好的领导者。

——**马克·梅里尔**，拳头游戏公司联合创始人兼联合主席

弗赖和莫里斯巧妙地概括了领导者通常需要花费数年的时间、犯许多错误才能学会的知识，并绘制了成功领导的美好蓝图，以此回馈读者。这本书提供的丰富的领导经验正是我从领导个人转变为领导团队时渴望拥有的。真希望自己早点明白，领导力的重点不在于我。

——**珍妮弗·摩根**，思爱普原联合首席执行官兼执行委员会成员

突破的第一步是自我实现。下一步是利用这本书中的课程，快速发展你的职业生涯。

——**博佐马·圣约翰**，巍美集团（Endeavor）首席营销官

写给亚历克和本，祝你们卓越不凡、无拘无束，

也愿你们可以尝到释放他人的神圣喜悦。

请记住，如果你是自由的，你就要让他人自由。如果你拥有权力，你也要为他人赋能，这就是你真正的职责。

——托尼·莫里森，引自《奥普拉杂志》

目录

第一章

领导力的重点不在于你

市面上关于领导力的书籍不胜枚举，很多都非常精彩。几千年来，人们一直在研究伟大领导力的实践，试图探索其中的奥秘（稍后会详细介绍）。所以，为什么要再读一本关于这方面的书呢？其实如果你稍做调查，就会发现许多现有的领导模式并不能完全解决我们当前共同面临的挑战。我们认为，传统的领导观念只能重建人们对机构的信任，释放组织和公司的潜力，如今，有了这些理念，我们也仅能完成领导力马拉松的一小段路程，还没冲到终点线，我们就失去了动力。①

这些观念方面的问题，在于太过强调“你”的重要性，太过强调你作为领导者的才能和缺点、你的信心、你勇敢果断的英勇时刻，当然，也包括你犯错的时刻。这些观念背后

---

① 这是本书中第一个拙劣的运动类比。

的原因有很多，包括讲好故事的要求。传统的领导力叙事认为，具有远见、负责制定战略和集结员工的领导者是公司里最重要的人。

在本书中，我们提出了不同观点。首先，我们认为，从根本上来说，领导力与你无关。相反，它与你为他人赋能和释放他们的全部潜力的能力有关。如果你想当一个好的领导者，首要任务就是把目光转向他人。接下来，我们会对这一观点进行论证。

请你考虑以下问题：有你在身边，队友和同事是否状态更好？他们是否比平常更高效、更专注？他们是否更愿意提出创造性的方案？无论你的答案是什么，在我们开始对话时都请坚持住。我们最常听到的回答是"有时会"。据我们观察，该答案相当典型，即使是最有经验的领导者也会这样说。不论有什么背景或经验，领导者都不能持续为他人赋能，而且很少有人能完全掌控成功的杠杆。我们的任务就是帮助你解决此问题。

我们是谁？

我们是学者和作家，是培训师和公司建设者，是乐观主义者，（在我们最好的时候）也是变革推动者。我们非常荣幸能够在具有世界影响力的组织（如优步、WeWork 和拳头游戏公司）中担任变革推动者，并与一些世界上最鼓舞人心的业务领导者一起工作，比如思爱普的珍妮弗·摩根、沃尔玛的董明伦，以及博佐马·圣约翰。但我们的核心身份是教育者，这也是我们要写一本关于领导力的书的缘由。当下，我们共同面临的挑战规模巨大、错综复杂。这更使我们相信，我们在变革过程中所学的东西会对力图成为领导者的人有所帮助。我们相信，我们的最大职责是帮助现在和未来的领导者，帮助其建立更美好的世界。

还在懵懵懂懂的年纪时，我们俩就被领导力吸引。弗朗西丝最先对体育运动产生了兴趣，她很好奇，教练如何帮助球员发挥潜能？球员如何帮助彼此在场内和场外有更好的表现？比赛带来的喜悦和悲痛如何扣人心弦？奇怪的是，在9岁这么小的年纪，安妮的兴趣就转向了美国革命。她经常打扮成民兵，在半夜模仿保罗·里维尔[①]的夜奔。[②]我们俩一点也不像其他同龄的孩子。

在体育和革命领域，那些富有诗意、令人惊叹的领导行为往往激发了我们早期的想象力，比如迈克尔·乔丹在球场上出神入化的动作，约翰·亚当斯为了创立最好的美国，自愿在法庭上为敌方士兵辩护的壮举。这些人似乎在挑战人性

---

① 保罗·里维尔是美国独立战争时期的一名爱国者。他最著名的事迹是在列克星敦和康科德战役前夜警告殖民地民兵，英军即将来袭。——译者注

② 她曾经在晚上梦游，两眼睁大，高呼“英国人来了”，惊醒了所有兄弟姐妹。

的极限，追求着比他们自己更伟大的梦想。他们树立的榜样扩大了人类的可能性，在几个世纪后依然如此，甚至让两个小女孩因此而目瞪口呆，她们涉世未深，还未开始梦想过上更璀璨的生活。

那时我们认为，领导者要“像乔丹那样”，但这似乎极不可能。当我们自己开始进行体育运动和“革命”运动时，我们发现领导力这件事比想象中混乱得多（而且也没有那么赏心悦目）。它不只是在于那个可以在空中跳跃的球星，实际上主要在于球场上所有人的表现。

当深入研究并建立组织时，我们发现，比起儿时吸引我们的故事，领导者的日常工作要安静得多，而且也没有那么戏剧化。领导工作既包括与无法满足你期望的同事进行坦诚的交谈，又包括冒险任命一个不确定能否胜任工作的员工，还包括经过无数次心理斗争后走到老板的办公室，告诉他，自己已经从各个角度研究了数据，但他的策略并不奏效。现实中，领导总意味着冒险，但有时却只需来一场夜奔，或者投出最关键的那颗球。如果领导得当，员工便不会偏离轨道。

领导力的新定义

我们毕生致力于使领导者和组织变得更好。现实的领导经验教会我们一条重要且颠覆认知的原则：真正的领导工作并不是特别关注领导者。领导工作并不关注站在前面高谈阔论的讲话人，不关注他们是否被听众接受、他们听起来有多聪明，以及他们的竞争对手是否变得过于强大。是的，在有的地方，这些事情可能很重要，但在真正的领导者眼中，这些只是配角。重申一遍，领导力的重点并不在于你，而在于如何高效释放他人的潜能。打住，在此不再赘述。这是领导的秘诀。

本书中，我们对领导力的实际定义如下：领导力的重点，在于因为你的存在而为他人赋能，并确保这种影响在你缺席时依然存在。[1]作为领导者，你的工作是为周围的人创造条件，使其工作效率逐步提升，并帮助其充分认识自身的能力和力量。你的影响力，不仅存在于与他们并肩作战的时候，还存在于你不在他们身边的时候，甚至存在于你永远地离开团队之后（这是最明了的领导力测验）。

随着领导任务加重，这种定位变得越来越重要。斯泰西·布朗–菲尔波特目前担任跑腿兔（TaskRabbit）的首席执行官（后文会详细介绍布朗–菲尔波特）。当布朗–菲尔波特从管理一个 14 人的团队逐渐升级到领导 1 000 多人时，她意识到，她必须重新思考领导方法。[2]布朗–菲尔波特曾在谷歌工作，当时，她已是一位众人皆知的、以结果为导向的战略领导者。她在雪莉·桑德伯格的运营部门工作，在将要跻身高层时，却停下了手头的工作，投身于谷歌黑人社群网络活动。布朗 – 菲尔波特发现，在谷歌，黑人员工未被充分代表。她坚信，只要尽心尽力招募、留存并联结黑人员工，就会改善现状。因此，她把想法汇报给了桑德伯格。桑德伯格向布朗 – 菲尔波特发出挑战，希望她亲自领导这项工作："就你了！别再等了，你就是最合适的人选。"[3]

事实上，借用一个专业术语，彼时的布朗 – 菲尔波特已经是一个"摇滚明星"了。然而，当和直接下属们走出会议室时，她感到非常沮丧。据布朗 – 菲尔波特说，她会带着自己的议程清单（她想完成的"十件事"清单）参加会议，会议结束后，如果仅完成了其中一项，这次会议就被她定义为失败的会议。她重新制定了目标，迎来了突破。她对自己说："我当下要做的是转变想法，这次会议不是关于我的，而是关于我领导的人的。"[4] 正如布朗 – 菲尔波特所描述的，她将工作重点从她如何成为一名成功的领导者转移到如何帮助其他人取得成功上。这一重新定位让她登上了高科技行业的顶端。在这个行业，要在高层领导中找到一名有色人种女性并不容易。

如果我们从这个角度审视领导力，那么它更多是关于公司其他员工在做什么，而不是高管层在做什么。领导者的职责更多是做出重大决策，而不是做出恰巧出现在办公桌上的小决定。领导者必须有意识地下放权力和决策权，并且无条件地承担全部结果。其他人每天都在做出判断，而你的工作是确保其判断正确无误，确保其选择能反映公司的愿景、价值观和战略。（参见文本框“太过关注自身的10个迹象”。）

换句话说，领导者的使命是确保团队中的每个人（无论他们在哪里）都有取得巨大成功的机会。可以说，这一点一直是正确的，而且现在更加正确。因为与之前相比，我们现在面临的挑战规模更大、变化更快、复杂性更高。如今的领导者需要减少对着镜子检查牙齿的时间，而要花更多工夫真诚地帮助他人尝试改进。

太过关注自身的10个迹象

领导力要求你关注他人的需求、能力和潜能，并对这些信号做出快速全面的反应。如果你太过关注自身，就必然无暇关注他人。以下是一些警告信号，表明作为领导者，你可能太过于关注自我，以至于经常分心：

1. 你很少关注别人的经历。赋能型领导始于对他人所思、所感、所做感到好奇。如果你发现你主要关注自己的经历，那么你还需要前进一段距离，才能到达领导力的情感起点。
2. 你不会问很多问题。你问（或至少是想问）问题的次数，是衡量你对他人感兴趣程度的指标。如果你不常有提问的冲动，你可能是陷入了自己的世界。好消息是，有种可行的措施能够改变现状。（走进人群，向他们提问吧！）这样做还有额外奖励：随着了解的加深，人们也会对你更加感兴趣。

3. **你最关注的是别人对你的看法。**我们都关心别人的看法。但你可能太过关注，以至于对别人的其他想法漠不关心。如果你不能对他人的想法（包括那些与你无关的想法）产生真正的兴趣，那么就说明你还没有赢得领导权。

4. **你会持续关注自己的弱点、局限性和不完美之处。**经常自我批评会成为领导力实践中的主要干扰因素。请你接受我们的朋友阿里安娜·赫芬顿的建议，赶走你脑海中那个令人讨厌的室友，禁止他再从可疑数据中编造关于你的负面故事。

5. **别人的能力令你不愉快。**当处于高效的领导状态时，周围人的力量和潜能将成为你最大的财富。如果他人的能力让你对自己的评价降低，那么你可能需要休整，再踏上领导之路。请你做些事情来为自己充电（远离社交媒体）。

6. **你一直处于危机中。**人生中充满了需要及时且坚定地关注自我的时刻，也就是所谓的“危机”时刻。你在一个月、一年或一生中要经历多少次危机是没有固定数量的，但如果你的这一数字远高于同行，你可能就无法领导他们了。

7. 你对未来感到悲观。领导力建立在明天可以比今天更好的前提之上。如果你很难接受这样一个浪漫的想法，如果你对它与彩虹、独角兽都不屑一顾，那么建议你不要领导了，尝试做些其他事吧。绝望是领导力的对立面。
8. 你觉得现实已经变得乏味。你定期练习领导力时，世界是一个充满魔力的地方，你能看到周围人的不断进步和他们身上蕴藏的潜能。如果你已经有一段时间没有感受到周围的无限可能性，那么你需要警惕了。
9. 你的情绪被冷漠和无能为力占据。你可能真的有这些感觉，但领导力要求你把自己和公司紧密相连，用自己的力量影响周围的人。此外，领导力还要求你了解自己的力量，并帮助他人了解他们的力量。无论出于何种原因，如果你感受不到自己的力量，你就无法成功领导他人。
10. 你是自己节目的主角。如果这句话可以用来形容你的生活工作方式，那么你就不是领导力游戏的玩家。在此先不赘述。渴望成为领导者的人最终将改变这种现象。

领导力枢纽

每当我们分享太过关注自身的迹象时都会发现，大多数领导者或多或少都符合其中的几条。需要明确的是，如果你在此文本框中找到了自己也有的迹象，并不意味着你没有资格成为领导者（某些时候，我们都是自己节目的主角）。但这确实意味着你还有提升的空间。作为领导者，你应该更多考虑如何为他人赋能。

关于这个问题，我们可以看看里德·霍夫曼是怎么做的。霍夫曼是领英的联合创始人兼执行总裁，他不仅是全世界最成功的企业家之一，还是我们见过的最擅长为员工赋能的领导者之一。帮助建立了贝宝（PayPal）后，霍夫曼又创立了领英。现在，霍夫曼在多个平台上分享自己的资本、智慧以及富有感染力的乐观精神。霍夫曼曾说："作为领导者，你必须时常关掉自己脑海中的影片，观看周围播放的电影。"[5]

我们很喜欢电影这个隐喻。实际上，领导力的核心问题与你作为领导者的表现（你怎么做）关系不大，而和其他人的表现（他们怎么做）息息相关。领导者的使命就是不断提高周围人的绩效，图 1–1 是对这一使命的直观展示。

请尝试绘制自己的领导力绩效曲线。请回忆一个你待过的团队，与团队中的人实际共事时长应不少于三个月。你在场时，其他人的绩效曲线出现了什么变化？是上升了还是下降了？如果你的曲线和图 1–1 中的差不多，你就（很可能）帮他人创造了成功的条件。不过，如果你的曲线较为平坦，或呈负增长，或只是不像你所知的那样陡峭，那么你就得回想自己作为领导者以及团队成员做出的选择。请回忆，你采取过什么措施（无论大小）来提高团队绩效？

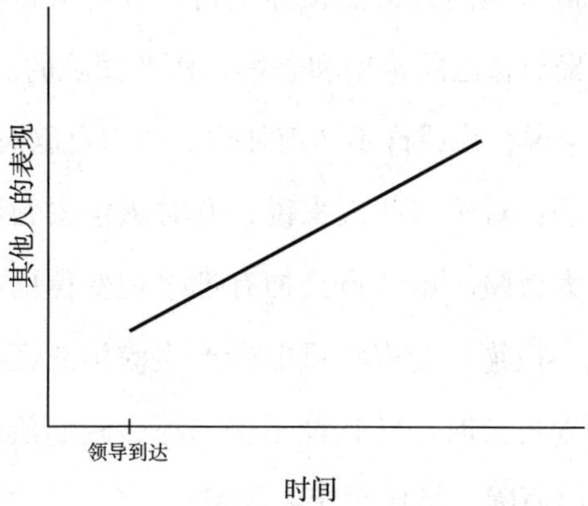

图1–1 领导力绩效曲线

这种思考练习旨在使你学会对他人的经历承担根本责任，这是赋能型领导的核心决策。当然，也有一些影响绩效的外部因素与你无关，它们可能不在你的控制范围内（比如竞争对手搬到隔壁）。关键是，无论你认为这个想法多么不合理，都要试着从中获得真知灼见，即他人的表现归根结底取决于你为其创造条件的能力。如果这种问责方式让你感到不舒服和不合理，说明你进行了正确的锻炼。

为了释放周围人的潜力，你还可以做些什么？我们建议，你最好把答案写下来，激活最佳思维。我们已经让数千名高管进行了这一测试，摆在他们面前的纸永远不会空白。出于种种原因，我们所有人都错过了发挥领导力的影响的机会。这就是有趣之处：为什么会这样？你为什么错过了为他人、团队或组织充分赋能的机会？

我们最常听到的答案是，你把自己看得太重要了。你总是向内看，聚焦自己的希望和恐惧，而非团队的愿景和困难。霍夫曼可能会说，你或许不知道如何关掉自己脑海中的电影。

举个例子：对于有些人来说，有时决定去领导会让人觉得太狂妄、太冒险。承认自己拥有把事物变得更好的能力可能需要勇气，拒绝接受现状可能会产生政治或经济代价。如果你面对领导机会时经常犹豫不决，那么我们建议你花些时间研究背后的原因。是什么让你退缩？

提前说清楚，我们对你答案的细节并不感兴趣，这是你自己的背景故事。我们认为，这都是你深思熟虑后做出的理性选择。然而，我们很关注这些选择背后的权衡，也想帮你移除领导力旅途中的障碍。事实上，我们都容易优先考虑安全问题。安全问题在日常生活中非常重要，更不必说在整个人生当中了。但是，如果你的目标是成为领导者，你终究得放弃一些安全感（至少某些时候得放弃）。

我们的建议是效仿霍夫曼，大胆放手，让他人成为你领导力故事的主角。有时候保护自己是正确的选择，但我们常常在计算个人风险和回报时出问题。据我们的经验，大多数人能承受的曝光度远远超出他们的想象，几乎人人都低估了领导力带给生活的意义。在没有安全网的情况下飞行确实会带来焦虑，但也能将你带到不可思议的目的地。

如果你的目标是成为领导者，你的基本任务就是释放他人的潜力（即帮助他人尽可能地提高工作效率）。他人的优秀并不会威胁你的地位，反而会成为衡量你成功与否的真正标准，会让你超越自己，走得更快、更远。这就是赋能型领导带来的变革性影响。

赋能型领导

我们相信，领导始于信任。信任为你的指导创造了条件，这是第二章的重点。只有你自己先建立信任，其他人才能对你的领导产生信心。若完成了这项工作，你便会对他人产生更大的影响力。

图 1–2 总结了这一观点，为本书提供了论述结构。在图 1–2 中，靶心代表信任（第二章），你得先建立基础的信任，然后用爱（第三章）为他人赋能，用归属感（第四章）为团队赋能，用战略（第五章）为组织赋能，最后用文化（第六章）为组织及以上的机构赋能。这就是赋能型领导，也是我

们将在本书中共同学习的内容。

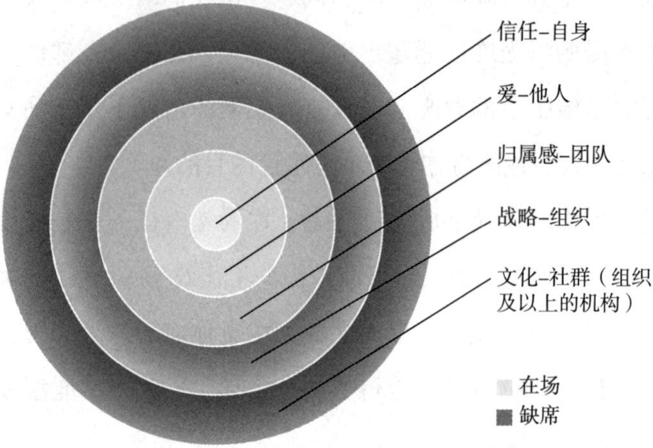

图1-2　赋能型领导环形图

换言之，建立信任之后，迈上领导力道路的第一步是创造一个让周围人可以蓬勃发展的环境。这要求你设定高标准，同时展现深切的奉献精神，我们把这种不平凡的挑战称作“爱”，这是第三章将要探讨的理念。然而，要创造一个可以让团队蓬勃发展的环境，我们需要做更多事情。领导一支包含各种类型差异的团队（我们认为，大多数团队都有差异），不管差异类型是什么，都要求你拥抱差异，并确保每个人都能贡献自己的独特能力和观点。这是归属感的本质，也是第四章的主题。

信任、爱和归属感是赋能型领导的核心能力，掌握它们是一项非凡的成就。然而，要践行它们，则需要你在场采取行动（至少不要长时间缺席），并将你的影响力限制在你可以直接影响的人身上。最成功的领导者对人们的影响远远超出其直接接触范围，他们还深刻意识到，领导成功与否取决于领导者不在场时的情况。这就把我们带到了赋能型领导环形图的外圈：战略和文化。战略和文化是塑造组织并为他人赋能的无形力量。无论你是否在场，它们都可以发挥作用。若想领导一个组织，你需要花费大量时间来制定正确的战略和文化。

支付公司 Stripe 的首席运营官克莱尔·休斯·约翰逊就很擅长此道，其关于如何召开员工会议的非正式演讲走红网络。每当新员工入职时，约翰逊都会以“赋能”一词作为引子，向新人解释缺席领导机制：“一名经理将成为你们的上司，经理非常重要，但不会整天在你身边。如何利用时间由你自己决定，而你能产生的影响则由你的决定驱动。”[6] 第五章和第六章探讨的这些决定主要由战略和文化引导。（参见文本框“少一些控制，多一些指挥：现实中的赋能型领导”。）

他人可以帮助我们释放超乎想象的情感力量。即使遥远的回忆因时间而模糊，但大多数人仍然记得老师、教练或朋友明确表示他们看到了我们的内在潜力时的感受。人们不仅看到了我们的潜力（这已经很罕见了），还看到了我们可能成为的人，这实在令人振奋。莉萨·斯基特·塔特姆创立了 Landit，这是一家突破性的职业发展公司。Landit 为女性和有色人种创造了空间，在这里，他们能看到自己的未来、发挥自己的潜能。有人说，就连和 Landit 培训师的一次对话也具有“改变人生”的力量。

有位女性首席执行官曾与我们合作，她能非常清楚地记起她和一位商学院教授的简短交流。下课后，教授回答了一个简单明确的问题：“某一天你成为首席执行官后……”当时，这位女士的最高志向是回到资助她上学的咨询公司，继续担任中层顾问。她从未想过，自己会拥有领导公司的能力。向我们描述这段几十年前的回忆时，她仍记得那天自己的穿着，记得教室的灯光反射到她站着的地毯上，记得她的大脑在那几秒钟如何屏蔽了周围的嘈杂吸收了那句话。她认为，那一刻她迈出了改变的第一步，用她的话来说，她开始变成一个“在现实世界中有存在感的人”。

事实是，我们都有帮助别人释放生命中无限可能的能力，这令人兴奋。帮助别人释放潜力会带来魔法般的效果，真人秀《粉雄救兵》的巨大成功也证实了这一点。该节目由五位才华横溢的生活方式专家（四位男同性恋，一位非二元性别者）主持，聚焦现实中普通人的生活。这些普通人在专家的帮助下改变穿衣打扮、室内设计、饮食习惯，以及与工作和家庭的关系。

《粉雄救兵》是一档出色的电视节目，其中许多重大揭秘和改造前后的对比都很吸引人。事实上，真正促成主人公蜕变的不是节目效果，而是我们所有人都能提供的东西，即相信他人可以变得更好的坚定信念。节目结束时，每个主人公都有了变化，他们也相信自己可以变得更好。

少一些控制，多一些指挥：现实中的赋能型领导

美国参谋长联席会议前主席马丁·登普西将军认为，有个地方正需要这种思维方式的转变，这个地方可能出乎你的意料：美国陆军。

早在21世纪初，美国陆军就开始重新审视自己的领导模式，因为当时军队在“反恐战争”中节节败退（至少没有取得特别的进展）。过去，陆军对敌军十分了解，鉴于双方国家利益并无很大差别，敌人也不会做意料之外的事情，而这些日子已一去不复返了。如今，世界局势瞬息万变，全球风险可能会在发一条短信的时间内升级，因此边界不再那么重要。战争的迷雾越发浓厚。

军队在错综复杂的现实中沉浮了10年，总结出如下教训：要改变领导模式。2012年，就如何在这种全新且难以预测的环境中发挥领导作用，登普西将军发布了一份宣言。[7]宣言中，他激情澎湃地做出解释：相比于巩固权力，领导者的任务，更多是将权力谨慎地下放到指挥链的每个环节。

登普西明确提出了一种领导力愿景，该愿景从根本上关注下属的表现，为他人的成功创造条件。在这个新框架中，领导者不会教导新兵思考什么，而是教导他们如何在环境和条件不断变化、被战争阴云笼罩的世界

中思考并做出决定。登普西将自己的领导理念命名为“任务式指挥”。他认为，美国军队保家卫国的能力岌岌可危。

登普西的愿景，以德国军事概念“任务导向指挥系统”和赫尔穆特·冯·毛奇（又称老毛奇）的思想为基础。老毛奇是19世纪杰出的普鲁士陆军元帅，他认为，要在混乱和不确定的环境中顺利领导，唯一的方法是在各个层面鼓励大家积极发挥主动性、自主性和独创性。因此，上至将军，下至初级官员，人人都接受了分权指挥的强化训练。在老毛奇的领导下，普鲁士军队在普法战争中迅速取得了出人意料的胜利。登普西的理论借鉴了老毛奇对赋能型领导的预见性看法，重视人际信任、行动自由，强调各级别军人必须具备批判性和创造性思维。登普西坚信，在风云变幻、危机四伏的新兴世界中，领导者最重要的工作是确保每个人都能发挥作用。简言之，在登普西眼里，领导已不再只关乎将军。

任务式指挥不仅为我们提供了一种新的领导方式，还为我们提供了一种新的领导思路。这种模式向领导者发出挑战，要求他们将信任和战略注入组织中，这样他们就可以安心地从现场决策中脱身。这种思维方式聚焦于你在场的情况下如何释放他人，好让他们在你不在场时也鼓足干劲。

我们向授勋的前连长埃米莉·汉嫩贝格请教了任务式指挥在军队中的执行情况。10 年的军旅生涯中，汉嫩贝格表现出色，顺利完成了“工兵领导人课程”。这是一项领导力开发项目，难度相当于美国陆军游骑兵学校磨人的战斗工兵课程。军队内部对这两个课程哪个更难争论不休。陆军历史上仅有 100 多名女性完成了该课程，汉嫩贝格就是其中之一。

汉嫩贝格称，自己和战友都全身心投入任务式指挥，因为她们已经真切地看到，任务式指挥提高了部队的适应性和士兵的表现。2014 年，她被任命为麻省理工学院军事科学教授，负责用这一新型领导力模式培训新军官。谈及任务式指挥的回报时，汉嫩贝格强调，它能高度挖掘人类潜能：“当人们接受培训并取得信任，在自己的影响力范围内发挥领导作用时，他们发现自己能做到从前想象不到的事。”汉嫩贝格解释道，在这种新模式中，其团队无须等待许可，就能充分发挥能力，解决任何需要解决的问题。他们并不是在等待获胜的许可。

摆脱偏狭的自我

与直觉相反，对边缘群体而言，他人导向可能更难维持，这就是我们喜欢《粉雄救兵》这个例子的原因之一。这个节目的主持人经常在性少数者较为罕见，甚至有时不受欢迎的地方施展他们的魔力，并没有为了自我保护而退缩。他们选择站出来，使出浑身解数帮助别人释放，完成蜕变。

有时，少数群体领导者更难超越自己，因为在这个世界上，仍然会有人时不时质疑少数群体是否有资格领导别人。作为两个选择了一些非同寻常选项的女性（例如，我们属于性少数群体），我们在生活中都曾有过自我放纵的经历，并付出了高昂的代价。

我们发现，每当我们选择保护自己，而不是做公开的领导工作时，就会与机会失之交臂。当了领导者后，我们花了许多年才学会以包容的心态与级别更高的同事举行正式会议。此前，我们并没有把这些会议当作教导与学习的机会，也没有把它们当作发挥领导力以及向非常尊重的同事学习领导力的机会。开会时，我们就像是浑身长满刺的刺猬，为了保护硬刺下面脆弱的躯体，我们有时过于胆怯，有时过于傲慢，大大缩小了发挥影响力的空间。

作为领导者，我们用了许多策略保护自己，这就是讽刺之处。上述做法会破坏我们努力培养的观念，造成适得其反的效果。为了看起来像领导者，我们最终表现得像个缩小的、二维版本的自己。我们切断了充分展现人性的渠道，遮掩了部分自我，而这部分正是真正的领导力所需要的。为了使自己免于被他人评价，我们脱离了领导的核心使命——使评价者变得更好。

在职业生涯中，我们花费了太多时间去关注别人的看法，关注我们作为性少数者的身份，关注弗朗西丝的观点的力量，关注安妮对某件事感觉强烈时颤抖的声音。首先要明确一点，尽管有些人偶尔会对我们有意见，但是，大多数人根本没注意到，或者不在乎这些。实际上，有些人更喜欢我们未经打磨的那一面。更重要的是，如果我们的目标是领导他人，我们问的问题就是错误的。我们不该问"这些人怎么看待我们"，而要问"我该怎么做才能使这些人变得更好"。这就是赋能型领导需要的转变。

我们并不是建议你消失在别人身后，放弃对地位和认可的追求。但是在一个经常将那种游戏和领导力实践混为一谈的世界中，我们正在努力将它们区分开来。根据赋能型领导的定义，如果你想要成为领导者，你的关注点就应该从提升自己转变为保护、发展和帮助周围的人。这毫无疑问。你要做幕后的指挥或导演，而不是演出的明星。你的工作是拍一些关于他人的奥斯卡电影。（参见文本框"等等，我不需要关注自己吗"。）

等等，我不需要关注自己吗

这个问题的答案很简短：“当然需要。”领导力与释放他人潜力有关，但这并不意味着你不需要定期关注自己的能力和进步。这么做有很多原因，包括为了你自己的身心健康，你也需要定期关注自己。从领导力的角度来看，将同理心、奉献和在场成功转化，并为他人赋能，是需要一定能量的。只有定期在领导力旅途中短暂休息，这种能量才是可持续的。变得更好也意味着，你需要学习技能，以获得新的领导平台，或赢得周围人的信任。正如下一章所探讨的，要想使他人心甘情愿被领导，你至少要清楚自己在做什么。这或许需要你培养新技能。

举个例子：我们曾与一位医疗保健企业家合作，这位企业家加入了当地一个即兴表演团，以提醒自己成年后纯粹的玩耍是什么感觉。杰森（化名，我们承诺不透露其身份）是充满激情的公司建设者，也是三个孩子的父亲。他渴望在职场外找到不同的空间，以发掘日常生活中不曾使用的创造力。在公司运转已经稳定的阶段，杰森的主要工作是运营公司和处理危机。公司成立初期要专注于创新，比起当时的工作，现在的工作不那么令人兴奋。对杰森来说，即兴表演不仅很有趣，还可以帮助他提升沟通效率。在即兴表演团的经历不仅提高了他在团队中的存在感，还让他变成了富有同理心的倾听者；不仅帮助他恢复了精力，还提高了其日常工作能力。

即兴表演使杰森成了更有效率的领导者，但他并没在舞台上当领导……他学会用“好的，并且……”[①] 这句话和其他表演者交流。这当中的区别简单却重要，有时在工作文化中会被忽视。杰森的表演水平得以提高，疲惫的心灵也得以放松。但作为领导者，只有走下舞台，回到工作中继续为他人赋能，他才能发挥影响力。

根据我们的经验，下面讨论的问题只能二选一。你要么提升自己，要么提升周围的人，但很难兼顾两者。建议你谨慎对待这一区别，并在办公室外完善自身。是的，请你休个假，去参加下班后的管理课程吧。去阿巴拉契亚之路走一走，读一本伟大的领导力著作吧。[②] 再回到职场时，请你全身心投入领导工作中。

赋能型领导实践：现在就开始吧

确立了领导力枢纽后，你的工作就是全面了解被领导者，

① “好的，并且……”是即兴表演的一个核心原则，你必须接受戏剧提供的现实，并在此基础上做出引人注目的表演。

② 一定要这么做。

包括了解其发展潜力。只有相信他人能变得更好，你才能发挥作用，帮助他们释放潜力。如果你对他人的成长潜力没有信心，那么你可以和他们一起做很多事情，但不包括领导他们。你可以监督、督促、管理、说服并忍受他们。你可以指挥他们做事，就这样过完一天。我们不推荐这种方法，但你当然可以这样做。可以说，上述情形描述了当今大部分雇主与雇员的默认关系。

领导力的前提是，人类具备适应能力，我们可以在彼此的适应过程中发挥重要作用。反过来，这就要求领导者既要相信他人身上有未开发的潜力，又要想方设法传达这种信念。换句话说，它要求你不把这一美丽的见解留给自己。

有无数种方法能告诉别人，你在他们身上看到了什么，我们建议你给出一些真实可信的信号。例如，在会议上强调他们所做的工作，或在他们“获得”发表意见的权利之前向他们征求意见，或放下手中的电子设备，把全部注意力放在他们身上。如今，数字化越来越令人分心，而放下电子设备是一种强有力的做法。展现你信任的有力标志，是在某人搞砸某件重要的事情后再给他一次机会。有时，相信他人意味着给他们一定的时间，让他们在跌跌撞撞中总结学习。

我们也建议你直白一些。让他们坐下来，告诉他们你观察到的优点。描述时，请尽可能真诚详尽。要多提供日期、时间和详细信息，来说明他们的行为对你和他人的积极影响。

在后面的章节中，我们将多花一些笔墨，讨论如何提供有效反馈，不过，这一建议比听上去要激进得多。多数组织文化的改善都依赖负面提示，远不如正面强化有效。

为帮助人们实践这种领导技能，我们最喜欢的一项练习是，让领导者去当发现他人厉害之处的使者。其工作原理是：选择一个你看得到天赋的人（不论其天赋高低），找到一个真正的方法让他们知道你已经注意到他们的天赋。你不仅会看到他们现有的能力，还可以预测他们未来的发展（如果他们愿意频繁运用天赋），这是领导力的加分点。你可以从身边的人入手，然后再向外延伸。

此举旨在培养外部领导的习惯，摆脱自身思想和经验的桎梏，转而关注被领导者的潜能和发展。做这件事时，你会收获意想不到的快乐。在这个过程中，你可以与各种各样的人交谈，比如亲人、同事，或者偶然发现的具有天赋的陌生人。从人口统计学、世界观和个性的角度来看，其中包括与你相似的人和与你不同的人。

一定要包括至少一个确信自己所谓的“鼎盛时期”已经过去的人，此人相信自己在数年前甚至数十年前就达到了顶峰。正如你将在“发现他人厉害之处”的路上发现的那样，人们在成年后仍然渴望自己的才能被他人看到，但是他们还会产生错觉，认为自己不会再继续发展了。事实上，根据我们的经验，如果提醒经验丰富的专业人士，他们的能力还可以不受限制地发展，将会产生更大的影响。

成为一名赋能型领导者

在“我们是谁”和“我们可能成为谁”之间储存了大量能量。2017 年，盖洛普对美国职场进行了调查，发现将近 70%的员工在工作中不够投入。[8] 让我们暂停一下，好好看看这个数字，研究一下其背后的含义。这个数字意味着，大多数人在大多数工作时间中，都未发挥自己的能力，因此错过了相当多的机会。赋能型领导能让人们更充分地融入周围的组织。它能释放潜力，使人们做成从未想过的事情。换句话说，赋能型领导代表重塑的世界。

这场革命要求我们改变对领导力的思考方式。保罗·里维尔之所以赢得荣耀，是因为他骑马穿过了马萨诸塞州的乡村，成功为人们报信。但在领导力历史上真正留下浓墨重彩一笔的人不是他，而是收到消息后走上列克星敦和康科德街头的男男女女，他们努力斗争，把命运掌握在自己手中。① 从他们的勇气追溯至今，你还可以看到亚拉巴马州塞尔马的数百名民权游行者，甘地身后数千名争取自治的斗士，以及数

① 安妮不是第一个打扮成民兵的人。普鲁登丝·卡明斯·赖特曾在列克星敦和康科德战役中领导一支女扮男装自称“女义勇兵”的小型武装民兵队伍，因此一战成名。

百万名像“MeToo”[①]和“Black Lives Matter”[②]这类运动的全球支持者。他们认为，所有人都有获得尊重的权利。

在你自己的领导故事里，重点是什么？是你珍视的权力吗？还是你通过利用这种力量释放周围人的潜力所获得的成就？本书毫不犹豫地选择了第二个。领导力故事的重点，是工作效率最高时领导者的言行和感受。领导力是一种有无限可能性的冒险，它始于尊重为周围所有人赋能这一真实且古老的艺术。一旦你改变了看法，接下来的问题便是开展赋能型领导的实际方法。在第二章，我们将探讨赋能型领导环形图最中心的一环——信任。我们相信，赋能始于信任。

思考题

√ 你为什么读这本书？为什么要花时间和精力来提高领导能力？

√ 你在场时，其他人的表现会如何变化？如果你观察到任何规律，请写下来。

√ 作为领导者，你要花费多少时间思考自己和自己的需求与他人和他人的需求之间的矛盾？

---

① “MeToo”（我也是）运动是美国反性骚扰运动，呼吁所有曾遭受性侵犯的女性挺身而出说出惨痛经历，并在社交媒体贴文附上标签，以唤起社会的关注。——译者注

② “Black Lives Matter”意为“黑人的命也是命”，是美国黑人人权运动。——译者注

√ 你什么时候能为他人赋能？对你来说，什么时候投资他人比较容易，什么时候比较困难？

√ 当你成功释放了他人时，你的“状态”有何不同？你的精力和专注力会如何变化？

第一部分

在　场

不论领导者在场还是缺席，本书中使用的领导力实践框架，都是围绕如何为他人赋能展开的。

在第一部分中，我们关注的是当你在办公室里且你想要领导的人触手可及（短信联系也可以）时，你该如何抓住领导机会。这就是我们所说的“在场”。

第二章中，我们将探讨如何建立和维护基础的信任，这是赋能型领导的起点。第三章中，我们提出了一个经过实践检验的框架，用于创造条件，帮助他人顺利发展、释放潜能。我们审视了一项理性的人类本能，有时，这种倾向会淡化我们对他人成功的承诺，或者降低对效忠之人的标准。最后，我们会讨论如何无条件抵抗本能，确保周围的每个人都能蓬勃发展。

我们举了具有真正包容性领导的例子，使你为外表、思想和言语与你不同的人赋能。第四章中，我们讨论了如何建立出色的多元化团队，这些团队因差异而出彩。我们提供了一个框架，帮助你理解围绕多元化主题的、不断升级的讨论，并利用我们在大规模、变革性的包容性倡议上积累的经验，向你展示高效的领导者是如何创造条件，让更多不同的人蓬勃发展，让组织从中受益的。

实际上，第一部分是关于如何掌握赋能型领导模型的内环，即信任、爱和归属感。如果你掌握了这几点，作为领导者，你将逐渐产生积极影响，始于自身，然后扩展至越来越多的人。

让我们开始吧。

第二章

信　任

2017年春季的某个星期五下午，时任优步首席执行官特拉维斯·卡兰尼克走进了风格简约的优步湾区全球总部会议室。主持会议的是梅根·乔伊斯，她是一位极富才华的副手，也是优步美国和加拿大区的总经理。乔伊斯深信，对于优步面对的问题，我们俩可以帮上忙，但这并非我们的出发点。我们阅读过优步的资料，这家标志性的网约车创业公司看起来似乎没救了。[①]

首先，我们要提供一些背景：优步的创立至少颠覆了一个行业，但其惊人的成功似乎以牺牲基本的体面为代价。出租车司机反对特朗普的旅行禁令，发起罢工。而优步公然从这场罢工中牟利，由此引发名为“#卸载优步”（#deleteUber）

① 经作者斟酌，一些细节已做修改，以保持叙事语态一致，易于解读。尤其是，尽管书中用了“我们”一词，但现实中，两位作者并非始终在一起。

的运动。几个月后，优步工程师苏珊·福勒在博客中讲述了自己在公司受到骚扰和歧视的经历，用令人信服的口吻把优步的文化描述为冷酷无情。[1] 随后，卡兰尼克与优步司机的互动视频曝光。视频中，对在后优步世界谋生的困难，卡兰尼克表现得不屑一顾。在此期间，针对优步的其他指控固化了它是"为了成功不择手段的冷血运营商"的名声。

优步面临的某些挑战也是其他技术行业的通病（比如，建设安全健康的工作场所时的惰性和混乱），但这并不能缓解它目前面临的困境。[2] 有些公司在商业竞争中无往不胜，却不知如何为庞大且多元的员工队伍创造蓬勃发展的条件。

弗朗西丝之前就读过关于卡兰尼克的报道，所以在等待卡兰尼克走入会议室时，她就做好了迎接一位自命不凡的首席执行官的准备。然而，卡兰尼克谦虚内省，与大众对他的印象大相径庭。对于灌输给公司的文化价值观，卡兰尼克思考了很多。这些价值观曾推动优步走向成功，也曾在其眼皮子底下被滥用和扭曲。卡兰尼克对团队所取得的成就表示了由衷的敬意，但也认识到，一些由他任命的领导者缺乏有效培训，缺乏指导，没有喘息空间，因此无法发挥工作效率。

不论卡兰尼克曾经犯过什么错误，目前，他都在试图做正确的事情。他和弗朗西丝轮流在白板上迅速勾画出公司的发展前景。当时，阿里安娜·赫芬顿是优步董事会中唯一的女性。赫芬顿提出观点，认为我们可以帮助优步渡过难关，弗朗西丝对此持开放态度。赫芬顿刚结束了一场与女员工的激烈讨论，可以看出，她已经承受了很多痛苦。我们原以为优步董事会将袖手旁观，现实却恰恰相反。赫芬顿和卡兰尼克在同一个战壕，她撸起袖子准备投身战斗的精神打动了我们。

会议结束后，我们回到了马萨诸塞州剑桥市的家中，就是否接手该项目进行了辩论。我们能想出很多拒绝的理由。比如，这项工作任务繁重，结果也不确定，更不用说通勤极不方便了。这个项目中有实打实的问题需要解决，比如，员工队伍士气低迷，品牌信誉遭受重创。但是我们意识到，如果我们可以解决这些问题，如果我们可以帮助优步重回正轨，我们就可以为无数其他的组织赋能，让那些步入迷途的组织恢复人性。

所以，我们是从哪里开始的呢？那就是信任。[3]

领导力的基础

我们认为，信任稀有且珍贵，是我们作为文明人要做的几乎所有事情的基础。正因为有信任，我们才愿意用辛辛苦苦挣来的钱换取商品和服务，愿意和另一个人立下海誓山盟，步入婚姻殿堂，愿意为代表我们利益的人投票。我们将法律和合同视为可依赖的安全网，然而，即使是这些体系，最终也建立在对执法机构的信任上。我们不知道如果出了问题正义是否会得到伸张，但是我们对制度有足够的信心，使我们能与相对陌生的人做交易。信任最终被写入美国的官方座右铭“我们信任上帝”并非偶然。即使人际信任的重要性被削弱，信任对国家项目的重要性也不会改变，我们也因此投入了更多的支持。

我们也在第一章中写道，领导力方程式要想发挥作用，信任是不可或缺的。如果领导力是在你在场和缺席的情况下为他人赋能，那么信任就是允许这种服务自由交换的情感框架。我愿意接受你的领导，是因为我信任你。我愿意放弃一些我珍爱的自主权，将我的幸福托付给你，是因为我信任你。反过来，你愿意依靠我，是因为你信任我。你相信，即使你不在场，我也会做出有助于完成共同使命的决定。我们之间积累的信任越多，领导效果就越好。

那么，你如何建立这一必不可少的领导力资本储备库？基本公式如下：人们认为自己在与真实的你互动（真实性），人们相信你的判断力和能力（逻辑），人们认为你关心他们（同理心）。在这三种情况下，人们倾向于信任你。当信任丧失时，基本都能追究至这三个驱动因素之一。你可以在亚里士多德关于有效演说要素的著作中找到该框架的根源。他在书中提出，讲话人需要用逻辑证明（logos）、情感证明（pathos）和信誉证明（ethos）来支撑自己的观点。你还能在许多现代心理学文献中找到这种模式（见图 2–1）。

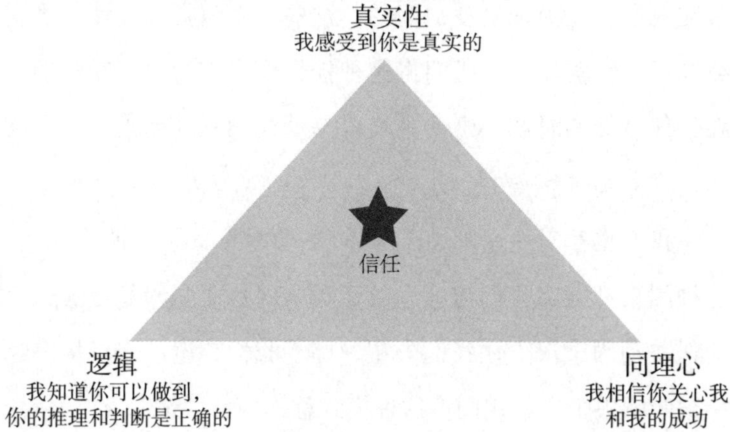

图2-1　信任三角

我们应该信任你吗？

你发出了什么信号让世界相信你？我们往往意识不到，自己在网上发布的一些信息（更常见的是错误信息）都与诚信有关。更糟糕的是，压力往往会放大问题。面临压力时，我们经常会成倍地破坏信任。例如，求职面试中，我们会无意识地掩盖真实的自我，即使这种不真诚的行为会减少我们被录用的机会。

好消息是，大多数人都会产生一种稳定的信任信号模式，这意味着行为的小幅改变可能会大有帮助。首先，我们倾向于以同样的方式，一而再再而三地阻碍自己建立信任。信任破裂（或无法建立任何真正的影响力）通常是相同的驱动因素在我们身上出现松动引起的，这些因素包括真实性、逻辑或同理心。实际上，我们将这种挫折模式称为“信任松动”。在信任度低的时候，松动是最容易动摇的驱动因素。事实证明，每个人都有一处松动。

我们也都有一个坚如磐石的驱动因素。无论情况如何，这种因素都能在我们与他人的互动中保持坚强和稳定。这个信任驱动因素很少让我们失望，即使我们在凌晨3点从沉睡中被叫醒去工作。我们将这种模式称作信任“锚”。你的信任锚是最不可能松动的属性。即使乌云聚集、狂风呼啸，信任锚也不会松动。

你的信任诊断

开始之前，建议你为信任诊断找一个令人信服的理由。如果你明天能比今天建立更多的信任，这将如何影响你作为领导者的效率？像往常一样，我们建议你记下此刻脑海中的想法。

现在，请回想最近你的信任度未达到理想水平的某个时刻。也许你失去了一笔重要的交易，或者你没有得到某份延展性任务。也许有人怀疑你的执行能力，或者在某个项目上与你保持距离。困难的部分来了：你需要暂且相信故事中的这个人（暂且称其为你的“怀疑者”吧）。假设他们的怀疑是有道理的，而你正是造成信任破裂的人。此练习只有在你承认这个假设的情况下才有效。

如果你必须从信任属性的简短列表中进行选择，那么这三个中的哪一个会阻碍你构建信任？从怀疑者的角度来看，你的信任三角哪里出现了松动？他们是否认为你会将自己的利益放在首位？你们之间的互动总是以你为中心吗？这就是同理心问题。他们是否质疑你分析的严谨性，或质疑你执行宏伟计划的能力？这就是逻辑问题。或者他们认为你可能歪曲了故事的某些部分，夸大了好处或淡化了风险？这就是真实性问题。

无论是哪种问题，这都属于你的“信任松动”，至少在这次互动中是这样的。请你绘制一个信任三角，在不稳定的属性下画一条曲线。例如，如果你的同理心有所松动，那么你的信任三角就应如图 2-2 所示。

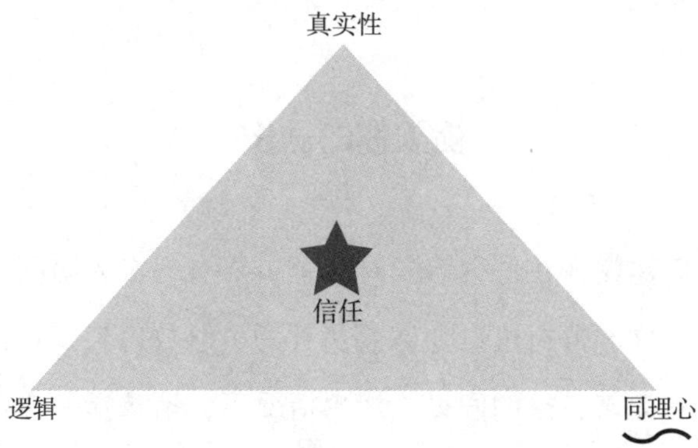

图2-2　你的信任松动是哪一个？

假设你的怀疑者没有逃离房间，也没有嘲笑你计划的荒谬性，那么在信任方面，事情就会正常发展。三个信任支柱中，哪一个是坚定不移的？这个因素就是你的信任锚。请你回到信任三角，在锚下方画一个加号。例如，如果选择逻辑作为锚，你的信任三角应如图 2–3 所示。

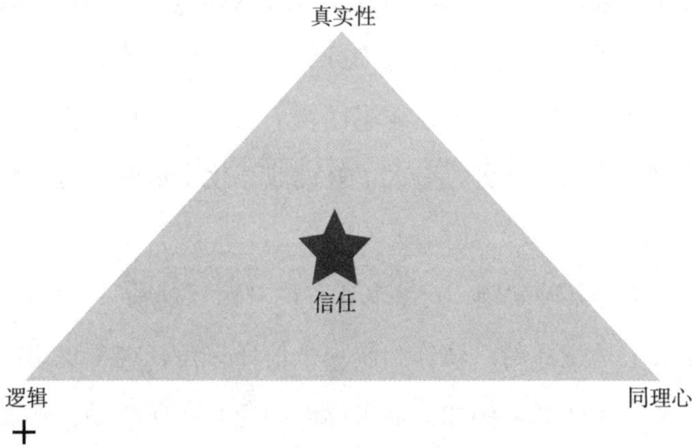

图2–3　你的信任锚是哪一个？

检验你的假设

我们建议你在进行诊断时，至少要有一个人陪同你。和他人分享你的分析可以令你豁然开朗、解放思想，并将帮助你检验和完善自己的假设。理想情况下，请选择一个熟悉你的、有思想的陪同者。约 20%的自我评估者需要进行一轮修正，所以请选择一个在你的分析出现问题时可以让你保持诚实的伙伴。与他人交换信任松动的故事也可以减少你由于失去信任带来的耻辱。作为人类，我们都会经历信任松动。对领导使命来说，重点在于如何对待信任松动。

高级的信任构建者会考虑回去直接和他们的怀疑者一起检验自己的分析。这种对话本身就是建立或重建信任非常有效的方法。承担起信任松动的责任彰显了你的人性（真实性）和分析能力（逻辑），同时传达了你对这段关系的承诺（同理心）。

现在，你面临的挑战是，在多个案例中研究你的信任松动和信任锚模式。无论出于何种原因，请选择 3~4 个对你最重要的互动，然后逐一进行快速的信任诊断。你典型的松动和锚是什么？在压力下或面对不同利益相关者时，这种模式是否会发生变化？例如，在面对直接下属和直属上司时，你的信任松动是否会变化（这并不罕见）？

过去 10 年中，我们帮助各种领导者解决了信任问题，他们有的是经验丰富的政客，有的是新兴企业家，还有的是具有颠覆性的、价值数十亿美元的公司（比如优步，我们将在本章结束时再次提及）的领导者。在我们的建议下，一位零售业的首席执行官找出了他的信任松动，并在之后的互动中将其解决了。这位首席执行官的挑战是培养同理心，在行为上做出细微调整（例如眼神交流、问一些更好的问题、放下手机），这些改变对他与团队的关系产生了立竿见影的效果。在下一部分，我们将提供有效的策略，帮助你克服自己的信任松动。首先，我们从成就卓越的领导者的过程中最常见的松动开始：同理心。

同理心松动：只顾自身利益

如果人们经常认为你关心自己多于关心别人，那么你可能会面临同理心松动。我们已在第一章探讨过，这种信号是赋能型领导的主要障碍。如果人们认为，你的工作主要是为了自己，那么他们可能就不太愿意被你领导。

在分析型和学习型人群中，同理心松动很常见。对于许多同理心松动的人来说，无聊是一个必须不惜一切代价除掉的敌人，无论它潜伏在日常生活中的哪个角落。无聊蛰伏在长长的队伍中和拥堵的交通中，暗藏在猜得到的电视剧情节中[①]，隐蔽在与理解能力不如我们的同事的会议中。

现代的领导力工具和经验也使我们越来越难以表达同理心，因为我们需要24小时奔波，此外，各种设备每时每刻都在争夺我们的注意力。我们用来恢复精力的时间变得更少了，

① 我们中有个人看电视时必须要准备好遥控器。遇到无聊的场景，就会用遥控器“加速”换台，因此也不可避免地会错过很多情节。我们中的另一个人，恰好是现在正在敲键盘的这个人，快被这种行为弄疯了。

这导致我们整天都在争分夺秒进行“微恢复”。有时，这种“微恢复”恰恰就发生在与我们努力赋能和领导的人交流时。开放式办公室由于其实用性和设计价值广受欢迎，然而，它并不一定能帮助我们恢复精力。有时候，在真正的公共工作场所中，根本没有地方能让你停下来喘口气。[4]

我们建议同理心松动者密切关注他们在团队环境中的行为，尤其是其他人在发言时。以标准的会议为例，在会议开始时，同理心松动者的参与度往往很高（你可能会学到一些东西）。然而，当他们理解了概念，并贡献了自己的想法后，参与度就会直线下降，直到会议结束都维持在较低水平。我们将这种戏剧性弧线称为“聪明绝顶者的痛苦”。

哪些信号表明你比他人的理解力更强？其实答案有很多。你可以通过同时处理多项任务来炫耀，或者设法让自己看起来很无聊，或者一有机会就低头看手机。你可以做任何事情来表明，本次会议不值得你投入太多精力。不幸的是，这些放纵行为以信任为代价。如果你表现出自己比其他人更重要，那么你还可以做很多事情，但并不包括做一个深受信任的领导者。

解决同理心松动的“处方”说起来容易，做起来却困难：将你的目标从“在会议上获得你需要的东西”改为“确保其他人都能获得他们所需的东西”。换句话说，你要对会议室中的其他人负根本责任。即使这不是你的会议，你也要分担推进对话的责任。请你寻找让人产生共鸣的例子，让概念变得更加生动有趣。在屋子里的所有人都明白之前，你要一直保持专注。请注意，只要选择发短信或查看电子邮件，几乎就不可能做到这一点，因此，请收起你的电子设备（沉迷电子设备会让其他人知道，你并未记下他们的好点子）。想要更直观地了解这一点，请参见图 2–4。[5]

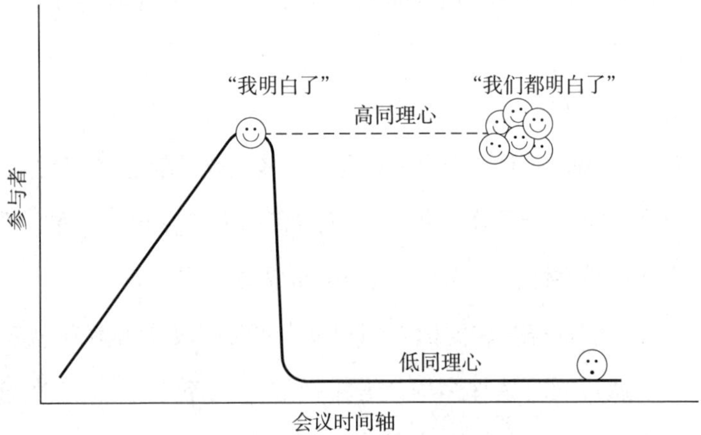

图2–4 同理心松动者的会议新规

同理心松动的解药是"在场"，这是此处的重点。周围的人需要从你（即领导者）那里得到什么？你现在可以做些什么来为他们赋能？如果你心里在思考别的事情，比如你自己的需求和抱负（或者沉迷于电子设备），那么你是不可能发现答案的。我们最后要说的是：如果你什么都不做，就请放下手机。之后你将很惊讶——信任迅速增加，你甚至可能提前结束会议。我们已经看到，那些采用高同理心会议规范的组织花费在会议上的时间减少了一半。（参见文本框“同理心与未来工作”。）

同理心与未来工作

过去10年间，美国职场中的信任度发生了标志性下滑。人们越来越怀疑雇主是否会告诉我们真相，是否会在艰难时期支持我们，或者是否会对我们所做的工作给予公平的补偿。随着全球化和技术创新等强大力量不断重塑我们的工作经验，我们非常确定，将来会有其他人（或其他东西）取代我们的位置。人们越来越有充分的理由相信，这场游戏是由精英股东群体操纵的，他们和我们不一样，他们很少需要遵守我们的规则。

如果人们从信任的角度看待这一模式，会认为美国经济正面临着严重的同理心松动问题。美国人已经确信，越来越多的公司运营的目的只是致富，而不是服务客户（更不可能是服务员工）。低于生活水平的工资、严苛的竞业条款，以及故意对个人数据进行不当处理，都强化了上述信念。

那些不这样做的组织拥有巨大的优势。标志性户外服装零售商巴塔哥尼亚始终将社会影响置于财务回报之上，从创立之初就坚持“不以领导者为中心”的领导模式。巴塔哥尼亚创始人伊冯·乔伊纳德表示，他一开始就打算创立一家以照顾客户、员工和地球为主要任务的公司。[6]如今巴塔哥尼亚的年销售额约为10亿美元，自1985年以来，该公司就坚持将全部收入的1%捐赠给非营利环保组织。

随着人们对美国企业的信任度减弱，巴塔哥尼亚首席执行官罗丝·马卡里奥再度强调公司的决心：要致力于更伟大的事业，而不是自身的成功。在她的任期内，公司的收入翻了两番。[7]她通过在节假日关闭商店和办公室来强化公司的价值观，使公司员工可以做比卖衣服更重要的事，比如在选举日投票。

此外，2017年，马卡里奥公开起诉美国政府滥用公共土地。[8]为消除公众对巴塔哥尼亚创立理由的疑虑，马卡里奥甚至将公司的使命宣言从“杜绝不必要的危害”改为“用商业拯救我们的地球家园”。[9]

我们与布鲁金斯学会“未来劳动力”计划的负责人马塞拉·埃斯科瓦里讨论了如何在经济体规模上重建信任。“我们都需要像罗丝一样吗？”我们问道。她答道：“既需要，又不需要。”将重心转移到工作发展之前，埃斯科瓦里就任于美国国际开发署，致力于解决拉丁美洲的贫困、不平等和公民安全问题。她目睹了在委内瑞拉这样的国家，信任是如何被摧毁的，以及在秘鲁这样的国家，信任如何得以建立和重建。在这个不信任感上升的世界中，她对商界领袖的建议是，不仅要有长远的眼光，关注公司股东之外的其他人（要引导你内心的罗丝·马卡里奥），还应“永远牢记，投资于人可能获得无限的回报”。

埃斯科瓦里认为，一个技能更高、更具韧性的工作团队可能是通往重建信任的未来最快的途径。尽管公共部门在推动这一变革中的作用显而易见，但埃斯科瓦里知道，私营部门也不可或缺。在工作场所技术变革的背景下，私有企业重新关注员工的再培训（而不是裁员），使私营部门重获活力。她列举了许多公司，其中包括开市客、捷蓝航空和乔氏超市等，这些公司有效帮助员工为未来工作做好准备。我们甚至看到，像沃尔玛这种规模的公司，已经开始用创新的方式投资员工教育。2018年，沃尔玛因其“每天1美元”的教育福利登上新闻头条，该福利让员工有机会通过非营利伙伴大学获得学位。他们只需每天支付差不多1美元的费用，就可以获得学士学位或副学士学位。[10]

回顾美国的历史和美国人的职业选择就会发现，美国的教育偏见显而易见，但我们认为，要解决美国的信任松动，其中一个重要方法是增加培养竞争型技能的公平机会。我们需要用多种方式改善如今的竞争环境，避免“赢家通吃”。首先要创造机会，使每个人在未来的职场中都能蓬勃发展。在美国的建国宣言中，我们承诺捍卫彼此对幸福的追求（不是幸福本身，而是对幸福的追求），并将其视为神圣且不可剥夺的权利。如果不能再次尊重这一承诺，集体信任问题就无法解决。

我们的英雄，巴西思想家和教师保罗·弗莱雷说：“教育者要做的，就是让学生成为他们自己。”[11]没有比发挥自己的全部潜能更高的人类需求了，也没有比促进他人的发展更伟大的同理心行为了。我们相信，未来的工作以及罗丝发誓要拯救的地球的未来，都取决于我们是否愿意与彼此交换变革的礼物。

逻辑松动：听起来很严重但并不是主要问题

如果人们不总是对你想法的严谨性或实现这些想法的能力有信心，那么逻辑可能就是你的信任松动之处。好消息是，该问题通常源于对逻辑松动的感知，而不是现实。无论是哪种情况，效果是一样的：如果我们不确定你的判断力能否处理好前方道路的状况，我们就不太愿意让你掌握方向盘。

极少数情况下，逻辑松动确实是问题所在。若碰上这种情况，建议你回到数据上来。将你所提出的案例根植于证据中，讲出你所知的实情，然后就此止步（这是最困难的）。拉里·伯德之所以能成为出色的篮球运动员，是因为他只在确定能投中的情况下投篮。这种选择将他和其他许多球员区分开来，后者的自负和肾上腺素常常影响他们的投篮判断力。伯德坚持不懈地钻研并练习投篮，在激烈的比赛中，球一离手，他就确切地知道球要去哪里。如果你的逻辑有问题，那就以伯德为榜样，学习"在能力范围内发挥水平"。

一旦你适应了这种感觉，就可以开始扩展你的知识面了。在这个过程中，要毫不犹豫地学习他人知道的东西。他人的见解是职场中最有价值的资源，也最容易被忽视。但要获得这些见解，就需要你承认自己并非无所不知，而领导者通常拒绝这样做。在职业生涯的早期，我们就以艰难的方式学到了这一课。当时我们宁愿躲起来打磨自己有缺陷的逻辑，也不愿意直面脆弱、寻求帮助。这种选择不仅使我们错失了更快进步的机会，也使我们未能与同事建立更牢固的关系（寻求帮助也可以揭示你在专业上的活力）。

然而，对于大多数逻辑松动者来说，逻辑的严密性不是问题所在。对于信任崩溃，更有可能的解释是，你没能有效表达自己的想法。交流复杂思想的方法通常有两种。第一种方式就像带你的听众去旅行，要经过很多弯弯绕绕、背景和有戏剧性的紧张冲突才能听到重点。许多世界一流的讲故事者都使用这种方法。你可以将这种方法想象成一个倒三角形，通过一条引人入胜的迂回路线才能到达终点。但是，如果你的问题是逻辑松动，这就是一条危险的路。如果对你的叙事目的地没有足够的信心，观众很容易在叙事过程中抛弃你。

请你试着翻转这个三角形。一开始就说清楚内容提要，然后提供有力的证据来支持它。这种转变表明了叙述者清晰的愿景和对事实的充分把握。每个人都可以更好地跟随你的逻辑。即使中途被打断，你至少也有机会表达自己的关键想法。图 2–5 是对这一点的直观展示。

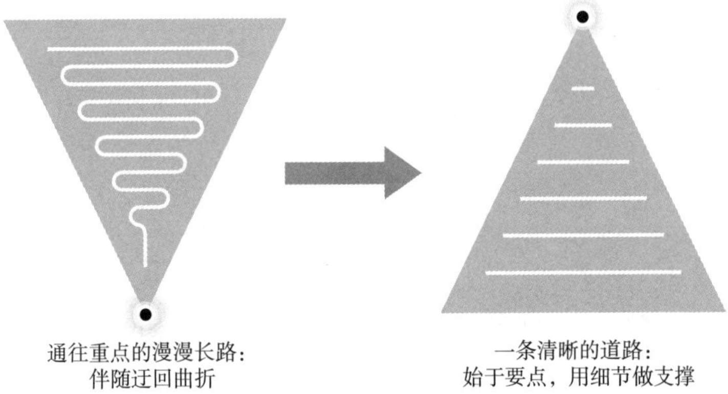

图2–5　逻辑松动者的表达方式

翻转三角形可以立即稳定逻辑上的松动，减少职场不公正的可能。举个例子，你刚刚在会议中发表了自己的想法，几分钟后这个想法就被他人窃取，这就是我们所说的职场不公正。通常情况下，窃取我们想法的同事只是在为我们翻转三角形。

真实性松动：戴着面具的那个人是谁？

如果人们觉得，他们无法接近“真实”的你，无法充分完整地了解你的所知、所想和所感，那么你可能会面临真实性松动的问题。如果你在现实中刻意给自己“立人设”，那么你与周围的人之间会形成一堵无形的墙。

快速测试：你的职业形象和你在家人及朋友面前的形象有何不同？如果真的有区别，那么你掩饰或最小化自己的某些部分，会得到什么回报？回报具体是什么（比如，认可或安全感）？如果你可以轻松回答这些问题，那么真实性可能就在你最终的挑战清单上。

从理论上说，做“真正的自己”听起来不错，但是会有强大且来之不易的动机来阻止人们这样做。有时候，如果你做真实的自己很痛苦，这种动机就会非常实用。比如在一个对性少数者持敌对态度的工作场所中，某人决定不表达性取向。有时候，表达你的真实感受是不明智的：女性在工作场所表达负面情绪会受到不合理的惩罚，黑人仍然被“易怒”的刻板印象困扰。[12]

我们讨论的并不是谨慎的自我审查，有时，在不能摆脱偏见或心理安全感低的大环境中，人们离不开这种审查。[13]相反，我们谈论的是将不真实视为一种职场中待解决问题的战略。尽管这种方法可能会帮你解决短期问题，但它人为地限制了信任的发展，从而限制了你的领导能力。如果人们感觉到你在隐瞒真相或隐藏真实的自我，如果人们不知道你真正的信仰和价值观是什么，他们就不太愿意向你展示自己的脆弱，而这恰恰是展现领导力所需要的。

尽管真实性松动可能以不同的方式呈现，但通过近距离观察多元化团队的表现，我们已了解其成本。在当今市场上，多元化可以成为一项巨大的资产，而在这方面做得好的公司通常会形成强大的竞争优势。但是，据我们的经验，这种优势并不是自动产生的。仅仅让你的团队充满不同的观点和经验并不总能带来更好的表现。[14]

实际上，事实令人不安。如果没有积极管理团队成员之间的差异，多元化团队可能会比同质化团队表现得更差，部分原因在于一种被称为“共同信息效应”的现象。[15] 其原理如下：作为人类，人们倾向于关注自己与他人的共同之处，倾向于寻找并肯定共同的知识，因为它确定了我们的价值，以及与群体的亲密关系。根据多元化团队的定义，多元化限制了可用于集体决策的信息量。

在图 2–6 中，我们以两个三人团队的形式，对这种动态进行了说明，第一个团队的三名成员各不相同，而第二个团队的成员有相似之处。如果没有人管理团队内部的差异，共同信息效应就会使同质化团队具有天然的优势。

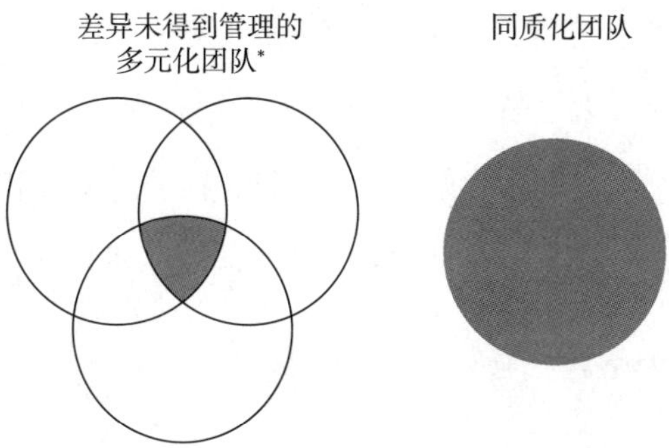

*共同信息效应使团队专注于共享知识，限制了独特信息的获取。

图2-6　多元化团队和同质化团队的可用信息

换句话说，如果多元化团队和同质化团队的管理方式完全相同（比如，若在促进团队发展方面，两个团队都简单遵循相同的最佳方法），同质化团队的表现可能会更佳。无论有多少反馈，无论玩多少次信任背摔，都无法克服共同信息效应的威力。

但事实是，只有我们的真实性有所松动时，共同信息效应才会起作用。如果我们选择用自己独特的一面（与他人不同的一面）创造价值，多元化就可以通过扩大团队可获取的信息量来创造无与伦比的优势。其实，当今世界看起来更像图 2–7，一个包容性的三人团队可能胜过（甚至可以统治）其他两个团队。

这种扩张依赖真实性松动者的勇气。当我们说“我们知道这很难做到”——有时有太多的要求——时，请你相信我们。在职业生涯的每一步中，我们都会受到诱惑，想要弱化自己在世界上的身份。尽管我们俩都是白人，但同时我们还是两个有着有力见解和宏伟目标（无论是对自己还是对别人）的女同性恋 。我们中有个人最喜欢穿男士衣服和舒服的鞋子。在某些情况下，这些事情使我们与众不同。

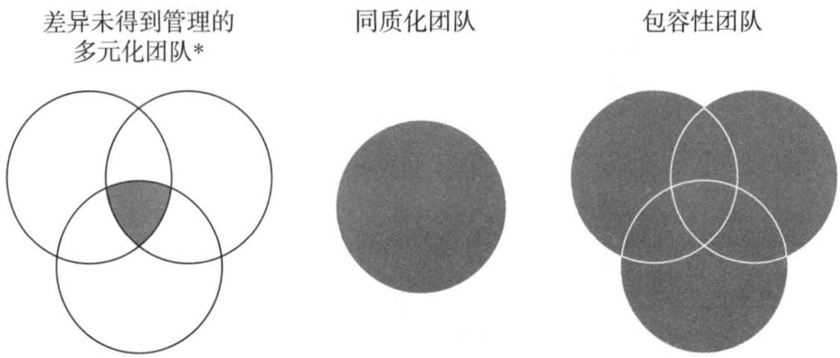

*共同信息效应使团队专注于共享知识，限制了独特信息的获取。

图2-7　包容性团队的可用信息

但是，如果我们这些与众不同的人屈服于压力、压抑独特的自我，就会压制自己最有价值的部分。最终，我们不仅隐藏了这个世界最需要的东西，即我们的差异，还使人们更难信任我们的领导才能，就像不断放缓的飞轮①，最后保持原状，停滞不前。我们越掩饰自己，就越不可能占据领导所需的空间。

即使你不认为自己是异类，也需要关心真实性问题，因

---

① 飞轮是一种转动惯量很大的盘类零件，起初转动需要很大的力气，但随着惯性，飞轮会越转越快，需要使的劲儿也越来越小。商业领域常用“飞轮效应”一词比喻万事开头难。——译者注

为我们所有人都要为不真实的互动付出代价。此外，在包容性的环境中，我们都可以得到更好的发展机会，真实性也能茁壮成长。也就是说，性别偏见不仅仅与女性有关。系统性的种族主义也不仅仅与非裔美国人或拉丁裔有关。我们共同的道义和组织责任，是创造一个人人面临“做独特自我”压力的职场环境。

第四章中，我们将详细讨论如何做到这一点，但有趣的是，它并不像看起来那样难。包容是一个紧迫且可实现的目标，与颠覆性行业或复杂的组织相比，它要求的勇气要少得多，它需要的只是组织不会因恐惧和困惑而阻碍日常进度。如果所有人都为促进公司多元化发展负全部责任，并在其中展示真实的自己，我们就会有相当大的机会建立信任并实现真正的包容。

因此，只要你感觉极好，想穿什么就穿什么。少关注你认为人们想听的内容，多关注你需要对他们说的话。向世界展示你的全部人性，不论你的批评者说了什么。你这样做的时候，请精心照顾与你不同的人，相信他们的差异正是可以帮你释放潜能的力量。（参见文本框“数字时代的真实性风险”。）

数字时代的真实性风险

当感觉好像每个人都在注视着你时，保持领导力的真实性就会特别困难。如今，社交媒体的发展和互联网的无情增强了这种感觉。单单是将自己暴露在互联网世界中就会带来迅速而苛刻的反应，更不用说犯下不可避免的错误了。这种环境催生了一种强烈的动机，使人们在真实性上摇摆不定，并隐藏自己诚实、脆弱的一面。

我们认为，屈服和隐瞒的成本太高。如果没有真实性，你就不会被完全信任。如果没有被充分信任，你就无法建立值得你挖掘潜能、发挥影响力的领导平台。在这个人人都是评论家的时代，应该如何展示真实的自己？以下是我们的最佳建议。

- **从你的灵长类大脑中夺回控制权。**大脑中负责生存的部分把你保护得很好，但它并不该总是负责发号施令。首先，它在评估威胁时非常不可靠（尽管你的肾上腺素水平很高，但你即将发表的演讲不会要了你的命）。其次，你的灵长类大脑也缺乏长远的眼光。它旨在使你完成一天的工作，而不是完成充满意义和影响力的领导之旅。数千年来，佛教一直在努力研究如何掌握这部分思想，而现代的正念运动为人们架起桥梁，让我们可以接触到大有裨益的工具和练习。建议你至少要好好了解一下正念运动。[16]

- 找到你的真实性触发器。找出能使你展现全部人性的人和事。是你心爱的另一半吗？还是你最喜欢的运动队？抑或是对哈利·波特的热情？请在你的周围放置一些能让你想起这些东西的提示物，或者采取更好的方式，想办法将它们带入“不真实的你”经常出现的地方。不久前，安妮向新投资者推介时，总想躲在二维的面具下寻求安全感，因此有时会在真实性方面遇到问题。她将我们儿子的故事融入谈话中时，事情发生了转机。因为儿子的经历是安妮创办公司的灵感。这个选择让安妮更容易展现自己，从而更好地传达公司的愿景。
- 放下你的稿子。确保你没有以真实性为代价强调逻辑。领导者见多识广、能言善辩确实是一件好事。但谈到信任时，我们也渴望接触演讲稿背后的人。找些时间和人们进行真诚的交流，扔掉稿子，说出你真实的想法。如果有必要，从低风险的场景开始，例如亲密的午餐或与盟友的会面。如果你能越来越自如地展示自己的真实性，就可以做一些风险更高的事情。
- 告诉我们“为什么”。是什么驱使你每天做自己的工作？是什么召唤你实践领导力？许多领导者将这些基本的真相藏在心底（有时只是出于习惯），从而错过了通过展示对其最重要的东西来建立信任的机会。如果你不为同事回答这些问题，他们就只好自行判断，不论答案是对还是错。

- **公开学习。**某些时候，我们会错把思考某件事并坚持该想法当作荣誉徽章。请给自己根据新的信息或经验更新观点的自由。请你大方地更新观点，做个榜样，传递完善自身的勇气。人们不仅会邂逅一个更真实的你——不断更新自己观点的领导者，还将获得鼓舞，坚持学习并保持开放的态度。真实性具有极强的传染性，这是其一大优点。
- **建立团队。**真实性不是一个人的事，我们不应在自己脑海中扭曲的密室里独自建立它。请你组建一支由朋友和同事组成的真正的团队，它可以帮你与真实的自己保持联系。请你要求团队成员适应你的不安全感和你的大胆。请你定期和团队一起度过一段时间，每月不少于一次。[17]
- **专注于释放他人。**最后，请记住你作为领导者要做的事情：坚持为他人赋能，无论你在场还是缺席。你越少关注自己和自己的缺点，就越能展示真实的一面，完成真正的领导工作。

回到优步

优步的松动之处是什么？

我们来到优步时，它确实处于动荡不安之中，我们也曾公开称它“一团糟”。[18]让我们重新审视优步在信任的各个方面的情况。同理心方面，虽然公司改善了不计其数的消费者的生活，但主要利益相关者的不少担忧仍未得到解决，比如员工对健康工作场所的要求，以及司机对体面生活的追求所需的支持。[19]谈到逻辑，尽管优步在飞速发展的轨道上，但该公司商业模式的可持续性仍存在疑问。[20]现阶段，向任何公司提出这些问题都合乎情理，是时候进行回答了。同时，也是时候确保优步的管理层有能力领导规模和范围如此庞大的组织了。[21]最后，优步面临的核心真实性挑战，是没人能完全确定自己知晓了完整的情况。[22]

卡兰尼克清楚优步存在信任问题。[23]在他邀请弗朗西丝担任优步首位负责公司战略与领导力的高级副总裁时，优步就已经采取了许多举措来稳定公司最大的松动。通过福勒的博客了解到其经历后，卡兰尼克邀请了美国司法部前部长埃里克·霍尔德到公司进行有关骚扰和歧视的内部调查，并开始实施霍尔德提出的全面建议。[24]此外，优步即将针对司机推出全新的小费功能，这将在该功能推出的第一年内为所有司机带来共计 6 亿美元的额外补偿。[25] 新的安全功能也在开发当中，会为司机和乘客提供保护自己的新工具。[26]

卡兰尼克没机会见证大部分建立信任的举措了，至少不会坐在首席执行官这个位置上见证。2017 年 6 月，他因为母亲突然离世休丧假。① 休假期间，董事会罢免了他的职务。整个夏天，弗朗西丝都在与新成立的高管团队一起工作。在寻找新的领导团队期间，该团队负责管理公司。2017 年 9 月，达拉·科斯罗萨西出任优步首席执行官，领导年轻的公司取得了良好的业绩。

弗朗西丝立即开始与科斯罗萨西并肩作战，继续在公司内部开展活动，重建信任。他们共同努力，改写了公司的文化价值观。这项工作邀请了优步所有员工（1.5 万名），就他们希望优步遵守的承诺提出意见。他们确定的一条新座右铭是："我们只做正确的事。"活动早期，科斯罗萨西赢得了其他信任：加强与监管机构的关系，以逻辑驱动的方式专注于最可靠的服务和市场。[27]

在此期间，我们所做的大部分工作都集中在员工一级，旨在重建员工的信任。[28] 有些事情很容易识别和解决，例如减少在会议期间使用短信谈论与会的其他人这一普遍的破坏同理心的做法。在技术公司内部，该做法已成为常态。第一

① 卡兰尼克保留了他在优步董事会的席位和公司的大量股份，直到 2019 年 12 月，他才放弃了这两样东西。

次经历时，我们感到很震惊。我们引入了一项新规范，要求与会者收起所有个人电子产品，迫使人们再次与同事进行眼神交流。

其他挑战（例如提高数千名管理人员的技能）更难解决。我们认为，在优步飞速发展的背景下，公司对员工的投资不足，导致许多管理人员面对日益复杂的工作时准备不充分。[29] 为了解决这一逻辑松动，我们开设了大量高管教育课程，课程在虚拟交互式教室中进行，这使员工能随时随地参与现场案例讨论（我们选择的教学方法），无论他们是在旧金山、伦敦还是海得拉巴。尽管我们并不强制员工参与试点计划，而且有时对某些时区来说，课程安排非常不便（比如在午夜），但是，在60天的时间里，来自50多个国家的6 000名优步员工坚持参加了总时长24小时的课程。该试点计划的速度、规模以及员工对管理教育的吸收程度都非同寻常。

该课程为人们提供了工具和概念，使他们可以快速成长为领导者，建立更多的信任，同时颠覆了大量颠倒的沟通三角。员工不仅能更好地倾听，还学会了更便于进行跨业务部门和跨地域协作的谈话方式。在上任的头30天里，弗朗西丝访问了优步在全球主要的办事处，开辟了受保护的空间来聆听员工的声音，并传达了领导层的承诺，即要建立值得员工信赖的公司。当许多员工都对自己和优步的归属关系感到矛盾时，弗朗西丝承诺她每天都会穿优步T恤，直到整个公司都为自己的工作感到自豪。（包括晚上和周末，以及需要穿正装的场合，这给我们的家庭时光带来了尴尬。）

弗朗西丝离职时，优步已经没有那么动荡不安了。[30]尽管还有一些问题尚待解决，但“员工情绪”和“品牌健康”等指标都朝着正确的方向发展，也正式开始了 IPO（首次公开募股）进程。[31]优秀的员工决定留在公司，也有更多的人才加入公司。同时，人们现在可以在城市街道上发现越来越多的优步 T 恤，这是我们最喜欢的衡量进步的指标。一切都证明，公司各个层面都具备人才、创造力以及学习的决心，也证明，卡兰尼克和科斯罗萨西先后重建了公司的信任基础。

相信自己

在接下来的章节中（特别是第六章），我们将多花些笔墨谈谈优步。但是在这一部分，我们的重点在你身上：你有多相信自己？信任是领导他人的起点，但领导力之路早在你愿意为自己赋能时就开始了。在这种你最亲密的关系中，存在着哪些不稳定因素？

比方说，你可能没有足够的同理心和同情心来关照自己。我们已在第一章中探讨过，只有切实满足自己的需求，才能成为有效的领导者，才能释放他人。如果做不到，你就可能对自己的逻辑和执行能力缺乏信心。最后，你能否诚实地面对自己真正的抱负？你是否把真正令你兴奋和鼓舞你的东西隐藏起来，只展现别人希望看到的样子？如果答案是“是”，甚至是“或许吧”，你可能已经找到了自身真实性障碍的根源。

我们认为，我们与他人一起经历的信任松动和信任锚会投射到我们对自己的感觉上，这并不罕见。鉴于此，请你回答如下问题：如果你都不能完全信任自己，那其他人为什么要相信你呢？如果你有了答案，并稳定了自己与他人之间的信任松动，你就可以翻至第三章，进入赋能型领导的下一环——爱。我们将探索如何创造条件，使他人脱颖而出。

思考题

√ 如果明天你建立了比今天更多的信任，会对你的领导力产生怎样的影响？

√ 如果信任破裂或无法获得影响力，信任的哪些核心驱动因素会发生松动？是真实性、逻辑还是同理心？

√ 身心压力如何影响你同他人建立信任的能力？你面临的信任松动是会好转还是会恶化？

√ 你领导的组织或团队是否需要同重大利益相关者重建信任？如果需要，你要解决的是何种制度松动？

√ 如何将你的信任诊断结果转化为有意义的行动？如果要与周围的人建立更多的信任，你能够立即开始做点什么呢？

第三章

爱

瓦勒留斯·马克西莫斯是最早研究领导力的学者之一。[1]鉴于马克西莫斯为我们提供了与赋能型领导挑战密切相关的语言和思想，我们将花些时间介绍此人。我们将回到古罗马时代，但用不了几页，就会重回现在，回到你作为领导者的时代。

据我们所知，马克西莫斯曾经身负使命。在古罗马，只有精英才有机会学习领导力，这使马克西莫斯感到困扰。因此，在公元 1 世纪 20 年代末期，马克西莫斯着手起草著名的《言行录》（*Memorable Deeds and Sayings*）。[2]在书中，他提供了全面且实用的建议（比如关于育儿和友谊的），但他特别感兴趣的是教育人们如何成为优秀的治安官和军官。我们可以将他视为罗马人的领导力大师，是古代的史蒂芬·柯维①。

① 史蒂芬·柯维是现代著名的管理学大师。——译者注

马克西莫斯领导经验丰富，赞扬“严厉”的美德，认为应该在需要时冷酷无情。他认为，领导者必须愿意为不良行为设置高昂的代价，既要予以惩罚，又要警告潜在的麻烦制造者。不过，马克西莫斯用了整整一章专门介绍“奴隶的忠诚”。在他著作的历史版本中，奴隶有权决定自身的命运。[①]他似乎是在用这一章中的故事作为一个粗糙的隐喻（至少在现代人看来，该故事是个隐喻），来说明对超越自身的事物保持忠诚的重要性。总而言之，马克西莫斯最早以书面的形式阐述要将注意力从领导者身上移开。

高标准，深奉献

第一次阅读马克西莫斯的著作时，我们深感震惊，他谈到了现代领导者面临的许多挑战。例如，他教导我们，作为领导者在必要时放手非常重要，还教导我们忠于使命和人民的重要性。但是这两种行为本身都不会带来荣耀，他对这两种行为的极端形式都表示怀疑。事实证明，真正的领导力是留给另一个理想的，他给这个理想贴上了“正义”的崇高标签。

马克西莫斯认为，正义在于平衡，平衡就是同时体现多种力量，即使这些力量相互矛盾。马克西莫斯赞颂的领导者

① 罗马奴隶制是残酷且暴力的存在，随着时间的推移，有时这种制度会暂时通往自由，甚至会通向公民权。

当然是赢家，但他们的胜利绝不是以牺牲自身的正直为代价的。他们拒绝撒谎或作弊，不采用通过不法手段收集的证据。他们会维护对手的尊严，抵制通过不光彩的胜利得来的战利品。

他讲述了一个故事，令人十分难忘。主角是一名立法者，他的儿子涉嫌通奸，他必须裁决儿子的命运。出于对这位父亲的尊重，社区希望使其儿子免受双目失明的可怕惩罚，但立法者拒绝接受施舍。相反，他挖出了自己的一只眼睛和儿子的一只眼睛，“在慈悲的父亲和公正的立法者之间，他达到了平衡，这令人钦佩”[3]。

正义似乎从这种平衡中获得了很多力量。领导正义意味着在权力和同情心之间实现难得的融合，这是一种白热化的、随时准备战斗的凶猛，以及冷静、温和的智慧与慈悲三方面的融合。正义既不会盲目献身于他人，也不会无情地追求权力，以致领导者丧失人性。正义既不会以职责为代价获得权威，也不会以权威为代价履行职责。

如果我们将马克西莫斯的观察结果归纳成现代版的“2 × 2”框架，其外观可能如图 3–1 所示，其中一个轴代表权威，另一个轴代表职责。从正义在图 3–1 中的位置可以得出结论：在这两个理想上，领导者应力求全部获得高分。面对共事者，领导者既要保持威严，也要展示出强烈的责任感。

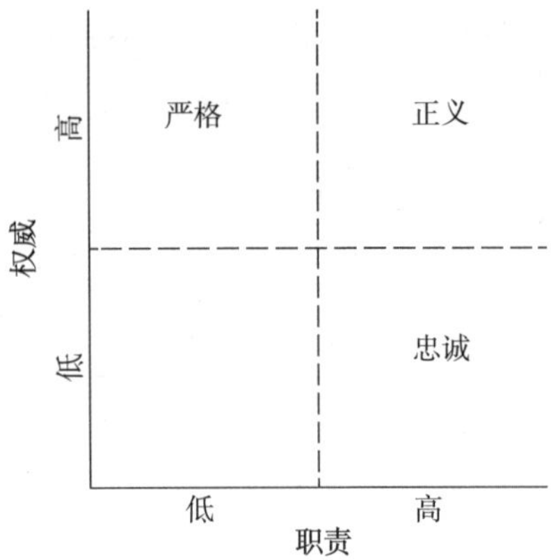

图3-1　瓦勒留斯·马克西莫斯的世界观

根据我们的经验，马克西莫斯世界观的核心是真理，这在几千年后的今天仍然能引起共鸣。如果领导者创造了我们所说的“高标准，深奉献”的环境，在为他人赋能方面，他们就是最高效的。当领导者的期望很高且很明确时，我们往往会努力达成它们。当我们知道领导者确实在支持我们时，我们更有可能做到这一点。这是一种严厉的爱，它强调严厉，也强调爱。这是爱的最高形式，希望在本章结尾时，我们能够说服你。

关于当前话题的最新示例，请参见苏姿丰女士的实际行动。作为半导体公司的首位女首席执行官，苏姿丰带领濒临破产的 AMD（美国超微半导体公司）奋斗了 5 年，取得了辉煌的业绩。[4] 她将自己的成功归功于清晰的内部沟通（以及企业家母亲的榜样作用）。不过，在她身上，我们清晰地看到了“高标准，深奉献”的领导模式。她的“5%规则”就是这种领导力模式的实际体现，她承诺，AMD每完成一项任务，都会变得更好。她认为，要求50%的进步是太过艰巨的任务（用马克西莫斯的话说，太过严厉），而接受现状是一个难以想象的低门槛。坚持不懈地追求5%，则是正确且充满正义的平衡。[5]

别人如何看待你？

现在，请探索自己的领导行为模式。首先，请在图3–2的“标准–奉献”矩阵中找到你的舒适区，也就是你最容易操作的象限。在此框架中，我们用马克西莫斯的语言作为四个象限的灵感，以此向他致敬。[6]在这四个象限中，你默认自己在哪个位置？请选择别人最常看到的、对你来说最自然的位置。

根据我们的经验，大多数人要么倾向于忠诚，要么倾向于严格，表现出一种专注或强硬的开放姿态。[7]（这些模式背后的心理学知识可以填满一本书，书中主题丰富，涵盖社会规范、人类发展和人格生物学等。）我们的条件反射会让我们相信，这些立场是不相容的，必须在标准与奉献之间进行权衡。只有一些杰出的领导者会反对这种权衡，在不经意间提高标准的同时，他们也展现出对他人的坚定承诺。而其余的人必须带着健康的意图向这个方向努力。

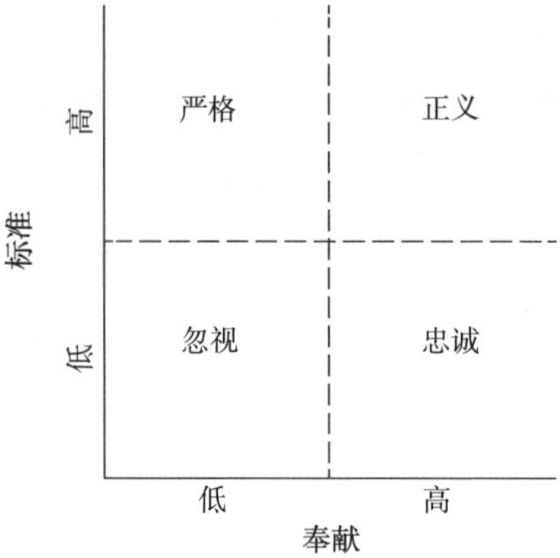

图3-2 “标准-奉献”矩阵

为了培养你的直觉，请你画一个空白的“标准－奉献”矩阵，并在你默认的象限中画一个星星，描述一下对你有这种感觉的人（例如“我的姐姐安妮塔”或“新员工”）。现在，请以同样的方式填充矩阵的其余部分。你在什么情况下会离开舒适区？如果你天生忠诚，那么你会在什么时候站出来展示自己严格的一面？如果你始终很严格，那么在什么情况下你会软化自己的立场？请在四个象限中找到自我，并描述你观察到的模式。（参见文本框“发现你的领导档案”。）

发现你的领导档案

以下是我们的提示，告诉你占据每个象限的条件，以助你填充“标准－奉献”矩阵。需要明确的是，本练习中没有暗含任何批判。例如，某人可能需要你无条件的忠诚来挺过一段艰难时光，而严格可能是对故意违反公司规则或价值观的行为的正确反应。在时间和资源有限的组织中，即便是忽视，也可能发挥战略作用（此观点将在第五章中详细介绍）。在本节，我们想了解你的领导模式，以及它们如何影响你释放他人的能力。

- **忠诚**。谁在你的生活中享有宝贵的地位，并付出了很少的代价维持这一地位？在交换条件相对较少的情况下，谁能从你那里得到他们想要的东西（比如地位、自由或者额外的甜点）？他们也许是你的老板或长期合作的同事，也许是某个正在朝其目标努力，却造成了严重破坏的人。以下是解答该问题的线索：你是否经常保护某人免受残酷事实（比如别人是如何看待他的）的伤害？
- **严格**。在谁面前，你的态度比较“强硬”？谁会看到你不耐烦的一面，比如坚持“一出错就出局”的你，或者对需求和缺陷容忍度很低的你？也许你的任务是教别人承担个人责任，以对他人未完全追究的责任进行弥补。不论理由如何，你都花了大量时间来为自己的严格进行辩护。你没有时间照顾任何人，对吧？

- 忽视。你记不住谁的名字？你认为谁不值得你花费时间和精力？你可能认为，他们没有注意到你忽视他们的决定（实际上，他们注意到了）。总的来说，无论是对于领导者还是公司，如果忽视象限太拥挤，都是危险的信号。因此，建议你尽快找到方法，清空此象限。本章后续部分将探讨如何全面做到这一点。
- 正义。谁能安心地向你展示自己最好的一面，坦言自己渴望超越自我、获得成长？和他们在一起时，你如何看待自己？这是正义的关键指标。你感觉自己像一个超级英雄，因为在很多方面，你就是一个超级英雄。你在场时，人们会走得更高、更远、更快，因为他们感受到了你对他们潜能的信心。你是什么时候有这种感觉的？如果对你来说，这种感觉比较罕见，那你什么时候有过这种感觉？

我们提出了两个简单的观点，帮助你在所有象限中寻找自我。首先，你本身就拥有这些品质。我们都有能力为身边的人营造一系列情感环境。当我们面临从一个象限到另一个象限的挑战时，这一点很重要。在这个框架中，没有你不能去的地方。事实上，你对这里的景色已经很熟悉了。其次，从赋能型领导的角度来看，并非所有象限都是平等的。如果你想释放他人，请将大部分时间花在正义上，因为它产生的效果比其他三项更强。

我们已对数千名领导者进行了这样的测试，典型的自我评估如图 3–3 所示。

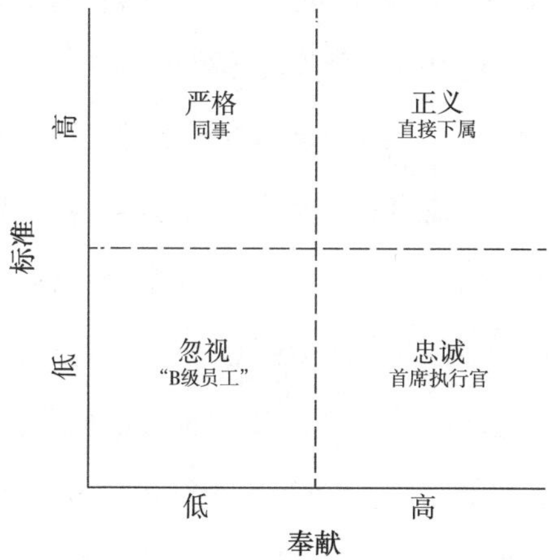

图3–3 别人是如何看待你的？

在此例子中，我们辅导了一位 C 级技术领导者（我们称他为"约翰"）。约翰认为，严格是他的默认立场。约翰会轻易设定较高标准，但经常缺少对员工的奉献，这让他在公司获得了"冷漠"的名声。然而，对于约翰的直接下属来说，情况又有所不同。他能够将明确的期望与坚定的承诺结合在一起，从而打造一支高赋能、高绩效的团队。

在进行此练习时，约翰意识到领导结构是重要因素。发展团队是他工作的一部分，而这项工作的协作性创造了大量展示奉献的机会。然而，这种结构在约翰和其他人之间设立了一道心理障碍。约翰觉得，自己没有明确的责任关注公司其他人的发展，因而经常处于严格象限。此外，虽然他忠于上级，也就是首席执行官，但有时还是会变成领导的“应声虫”。他过于尊重上司的权威，这妨碍了他自己表达真实的想法，也妨碍了他成为一个严谨的思想伙伴。

约翰最终承认，有时他会解雇他眼中的“B 级员工”，这并不公平。尽管可能有一些人是由于自身被忽视，但约翰的判断像钝器一样伤害很大。同事们经常因为他迅速的、没有说出口的裁决而闭嘴，即使他们有一些有价值的贡献。

对于约翰这样的领导者，通往正义的旅程涉及抵制我们领导力条件反射的引力。出于条件反射，我们担心，如果我们表现出更多的奉献精神，就必须以某种方式降低我们的标准。这种假设十分不合理。为了形象地证明这一点，我们将向你介绍卡洛斯 · 罗德里格斯 – 帕斯特（Carlos Rodriguez-Pastor，简称 CRP）的例子。

臭名昭著的 CRP

卡洛斯 · 罗德里格斯 – 帕斯特是秘鲁一个白手起家的亿万富翁，他在扶持该国新兴的中产阶级方面发挥了关键作用。他成立了一家名为“Intercorp”的公司，业务范围涵盖银行、超市和学校，涉及秘鲁人生活的方方面面。人们亲切地称卡洛斯·罗德里格斯-帕斯特为“CRP”，他是“高标准，深奉献”的鲜活化身。CRP 设定了很高的标准，同时他在广阔的轨道上保持了对每个人的绝对忠诚。

高标准首先体现在严格的选拔过程中。CRP 的面试是一种著名的拉锯式体验，包括无休止的会议。这些会议通常在办公室外举行，因为他认为，在室外，人们更能展示自己真实的一面。如果认为候选人通过“走后门”获得录用资格，他很快就会将这个人“打入冷宫”。尽管在许多领域，精英管理的概念已变得混乱，但 CRP 唯才是举的文化是我们见过的最健康的文化之一。

如果 CRP 确实存在偏见，那他也只是对那些不想付出只想坐享其成的企业家有偏见。他喜欢那些来之不易的表现出毅力和渴望提高自己的人。某一年，他大张旗鼓地邀请最优秀的员工与他一起攀登珠穆朗玛峰附近的山峰。级别高的高管都买了商务舱机票，以便在从利马到尼泊尔的多段航程中享受舒适的旅程。临出发前，CRP 邀请所有买经济舱机票的员工和他一同乘坐私人飞机，这很符合他的一贯作风。很快，此事就在公司中传开了。这一做法传达了明确的信息：对于 CRP 来说，地位并不意味着便利。

CRP 最具代表性的特点可能是他坚定不移地相信周围人的潜能，包括其同事和秘鲁同胞。CRP 认为，人才是唯一有竞争力的资产，因此他坚持投资那些无所畏惧的人。其员工可以获得无附加条件的奖学金，前往顶级学府深造，而强化教育也融入了团队每个人的工作设计中。即使是公司最高层的领导也必须完成严格的课程，CRP 希望他的团队能够像对待其他工作一样对待这些课程。他经常亲自上课，详细记录员工的参与情况，然后在课程结束时和教师们聚在一起审查自己的笔记。我们授课时曾接触许多高管人员，但从没见过其他首席执行官这样做。

值得注意的是，CRP 几乎从来不会一个人待着，至少在工作时不会。总有不同的人站在他身边，通常是年轻的领导者，此举旨在通过直接接触的方法来学习。他定期调动员工到不同的部门，以帮助员工在新环境中发展自我。此外，他每年都会举办一次学习之旅，让经理去国外学习。学习之旅旨在让团队了解世界变化的速度，让团队意识到自己基本总落后于别人。他将这种旅行描述为“抵御自满的年度疫苗”。

简言之，CRP 拒绝错过任何一个教学时刻。下面是我们最喜欢的例子，因为在这个例子中，CRP 传达了他对员工的期望。有一天，去办公室时，CRP 故意在西装裤里穿了一条小丑灯笼裤，并且“偶然地”把这条灯笼裤露了出来。他的举动一如往常：参加会议，和团队一起工作，就这样度过了一天。在此期间，他那条红白相间的波点裤一直露在腰带外。没有人敢说什么。这一天结束时，他将所有和他有过交流的人召集起来，并对他们说：“我现在怀疑你们是否应该加入我的团队。”虽然没有人因此丢掉工作，但是CRP清楚地表明了他对真相的重视程度，无论等级或权力差异如何。

一旦被某人的潜力折服，CRP就会全力以赴，尤其是那些与他有着共同的价值观，并追求平等变革的人。CRP的目标正是完成秘鲁的经济转型，而发展指标表明，他正朝着这个目标迈进。[8]这种发展精神集中体现在他的“创新学校”项目中，该项目由他设计并资助，是一个由私立K–12①学校组成的创新网络。创新学校的成果非常可观，但所用成本仅为发达国家公立学校的一小部分，这种商业模式旨在解决秘鲁优质教育资源短缺的危机。根据最新统计，“创新学校”项目已开设55所学校（秘鲁54所，墨西哥1所），服务了超过4.3万名学生。它现在有望成为该地区最大的私立学校网络。

从这些学校毕业的年轻人准备实现CRP设想的未来。我们最近了解到一位创新学校毕业生的故事。她的父亲是出租车司机，母亲在市场上卖糕点。她在当地报纸上看到了秘鲁冠军奖学金的广告，这个项目针对那些想报名参加创新学校但负担不起学费的聪明孩子。该学生与其他数百名学生竞争一个名额，并以优异的成绩通过了选拔。不久后，她进入了圣克拉拉的一所学校就读。圣克拉拉位于利马郊区的低收入地区，有许多从安第斯山脉移民而来的家庭居住于此。

---

① K–12是学前教育至高中教育的缩写，现在普遍被用来代指基础教育。——译者注

起初，这个年轻的女孩被新环境吓到了。这所学校每月收取 100 美元的学费，服务对象都是她平常接触不到的新兴中产阶级，这些都让她感到格格不入。随着时间的推移，她不断成长，并最终以班级第一名的成绩毕业。毕业后，她选择申请全球顶尖大学的神经科学专业，为成为世界级神经科学家打下基础。2019 年 4 月，她成为有史以来第一位被达特茅斯大学、纽约大学、斯沃斯莫尔学院、乔治敦大学、塔夫茨大学、埃默里大学、牛津大学和斯坦福大学同时录取的创新学校毕业生。“创新学校”项目为她提供了全额奖学金，帮助她继续深造，并且没有任何附加条件。

CRP 的终极梦想是为秘鲁赋能。他相信，如果他周围的人都像这位史无前例的毕业生一样，可以凭借自己的能力成为强有力的领导者，就能把才华投入国家建设中，从而激发良性循环，释放整个国家的潜力。随着秘鲁最重要的服务部门活力持续增长，活动不断发展，CRP 已经看到，这个梦想的一部分变成了现实。他培养的许多领导者现在正在开创自己的重要业务，他们延续了 CRP 的变革传统。

现实中的领导力

鉴于本书的使命，我们最关心的问题是：目前我们大多数人都不像卡洛斯·罗德里格斯–帕斯特那样可以轻而易举地践行“高标准，深奉献”领导模式。相反，我们花费在正义上的时间通常少于领导力的要求。我们有时会创造赋能环境，帮助他人取得巨大的成功；而其他时候，我们要么对他们没有帮助，要么做出不利于他们蓬勃发展的选择。我们的思想和情感分散了我们的注意力，使我们无法发挥领导作用。领导力的重点集中在了我们身上，而不是他们身上。

换句话说，我们大多数人只有在情感上方便时才会达到正义目标。条件理想时（比如睡得很好、没有压力，又如实现正义不需要太多不适感，或没有偏离我们喜欢的行为方式），我们就会拥抱正义。但这些混合的情况很少与我们最大的领导机会一起出现。

毫无疑问，影响你为他人赋能的最重要因素是，无论何时，只要能带来改变，你都应该进入正义象限。你如何达到这种控制水平？按照你的条件和时间线，你将如何从严格、忠诚甚至忽视象限出发，一路走向正义？这是领导力的终极之旅，也是本章剩余部分的重点。事实证明，包括马克西莫斯在内的领导者和学者已经为这一问题纠结了数千年。

忘记你是谁

对于任何发展道路上的第一步，领导力实践者们达成了合理的共识，即首先放下对“你是谁”和“你不是谁”的严格假设（放下后者更为重要）。让自己拥有这样一种心态：你愿意挑战为自己的身份设置的鲜明界限和规则。

在本章的开篇练习中，你可能已经发现了，身份通常比我们想象的更具可塑性。说到领导力，我们往往会有自己的模式和偏好，但很少会真正执着于某些东西，例如，僵化的严格或不加批判的奉献。事实上，我们倾向于将自己摆在“标准－奉献”矩阵中的每个地方。我们既想成为会议中不屑一顾、无动于衷的木头人，又想成为竞争激烈的战场上最鼓舞人心的将军。

你过去的领导力并不能决定你的未来，这句话蕴含了无限可能。撰写有关环境和身份认同的书籍时，马克西莫斯敦促读者仔细观察他们钦佩的领导人的生活。许多人的生活都有着平凡的开端，甚至十分不幸的开端。但他们坚持不懈，将挑战变成了礼物，从逆境的考验中获得了荣耀。[9]

苏拉是著名的政治家和将军，也是马克西莫斯著作中最有趣的人物之一。在某一点上，马克西莫斯借苏拉表达了一个惊人的现代“最佳自我”隐喻。在早年，苏拉充分展示了最糟糕的自我，不仅自我放纵，而且做事时会分心。相比之下，他纪律严明的最佳自我超越了其自身，为罗马赢得了无数胜利。马克西莫斯因此得出结论，苏拉的内心一直潜伏着一位伟大领袖，他只是在等待时机挣脱“限制自己的屏障”[10]。

人们都拥有这种性格力量，它可以摆脱过去我们选择的任何领导者身份。我们要做的，仅仅是决定是否使用这种力量，以及如何对待新获得的自由。

从奉献到爱

为了向世界传授“成长型思维模式”的优点，卡罗尔·德韦克教授已经习惯了艰难的谈话。她选择与世界各地的父母和教育者面对面，以明确但充满爱意的方式让我们知道，我们的好意正在阻碍孩子成长。谈及其他的行为，德韦克希望父母停止以弊大于利的方式表扬孩子。

我们从忠诚象限深处出发，努力成为合格的家长。在努力的某个时刻，我们接触到了德韦克的研究。她建议父母多关注孩子的努力（“你很努力”），而不是先天的特质（“你太聪明了”）。因为前者是他们控制范围内的事情，而后者会加剧失败的风险，减少孩子冒险和进步的动力。至关重要的是，德韦克的方法能让你在不减少一丝一毫奉献的情况下提高标准。[11]

在我们的世界观中，德韦克是正义的化身，肩负着传播忠诚的使命。当然，最关键的是，忠诚会让你付出代价。作为领导者，保持高承诺、低标准的姿态会让你感觉自己在照顾别人，好像在为别人服务，但这其实主要是为了你自己。这是一种为了保护自己的情绪安全而牺牲他人优秀才能的决定。

德韦克用以下问题总结了其挑战：你正在帮助孩子为以后的道路做准备吗？还是在为孩子的以后铺路？在领导力方

面，上述问题可以这样表述：你是在要求你的员工发展，还是出于忠诚、自满或避免冲突而向他们提出相对较少的要求？你是在为他人赋能还是让他们感到舒服？

如果你周围的人感觉得到了支持但缺乏动力，感到舒适却更加被动，那么你在通往正义的道路上还需要提高标准。让德韦克为今后的道路做准备的挑战成为你的战斗口号——提醒我们心中的苏拉，要伺机挣脱束缚。

发现他们的闪光点

有无数种提高期望的方法，对于长期处于忠诚象限的人来说，有些方法或多或少有点牵强。诀窍是拒绝错误的假设，不要为了改变规则而放弃任何美好的奉献精神。

据我们所知，促进人类进步的最有效机制，就是利用我们自然的奉献冲动，这真是令人振奋。这一想法很简单：当看到某人正按照你希望的方式表现时，请说出真诚而具体的表扬。详细描述该行为，以便他们可以再现这一行为。我们从德韦克那里学到，要赞扬人们真正可以控制的事情。定期刷新并重复你的赞扬。

你的赞扬要具体，这很重要。真诚但不具体的赞美更容易说出来，但这很少会帮助他人提高，因为他们并不完全确定如何重现自己做得好的那一部分。例如，在会议结束后告诉某些人他们做得“不错”通常没什么用，因为接受者必须猜测自己到底做了什么才赢得了这份称赞。相反，你应该告诉他们："你刚才阐明了两个对立想法的共同之处，有效地打破了僵局。"这样的赞美具有足够的细节，能让听众知道下次该怎么做。当然，换个说法，这就是正强化。

正强化与现行的反馈规范有所不同，因此一开始会让人尴尬。（如果你在第一章中接受了我们的"发现他人厉害之处"的挑战，你就有了一个良好的开端。）不过，在大约两周的练习后，有人不断向我们反馈，正强化开始变得自然，并且令人耳目一新，感到十分愉快。它迫使你更加关注周围的人，并在你们之间产生正向互动。你将成为提供反馈的圣诞老人，在任何地方都可以分发礼物，让人们变得更好。

遗憾的是，当今组织中的许多反馈文化都是彻头彻尾的"吝啬鬼风格"。反馈往往含混不清，负面大于正面。我们观察到，有一位特别低效的经理习惯发送这样的电子邮件——只写着两个字："不好。"这就是整封邮件的内容。不出所料，除了在她的同事间引起了轻微或强烈的焦虑，这种行为几乎不能改善任何事情。

你可以用这种方式纠正不良行为，但是我们建议你尽量不要这样做，因为它在促进改善方面效果不佳。[12] 如果你必须这样做，请在讨论中拿出证据。要清楚你所设想的未来的状态及背后更高层次的原因。在可能的情况下，请将行为变化作为为团队的共同使命带来丰厚回报的小支点。我们把这种干预称为“建设性建议”。

对于我们当中吝于给予反馈的人来说，下一部分很重要：为了使建设性建议可信，必须将其建立在信任的基础之上。当然，信任要建立在同理心的基础之上，即接受者确信自己被你看到了，无论你把他们当好人还是当坏人。（如果某人仅看到我们身上的问题，那么我们倾向于把这个人的话当作武断的评价，而不是改进的动力。）在缺乏同理心的情况下，建设性建议很容易变成破坏性建议，使接受者变得更糟，而不是更好。例如，在工作中，他们或许会更聚焦于自我，或者对自己的决策缺乏信心。请注意，上述情况一直都在发生。

不知为何，许多公司都有这样一种假设，即“真实的”反馈都应是负面的、艰难的对话，是我们需要学习的对话。相反，正强化则是可疑的，不利于我们通往真实。而据我们的经验，事实并非如此。恰恰是正强化帮助我们完成工作，它也是我们观察到的可以帮助人类加快学习曲线的强力催化剂。

如果你需要更多数据，请观察那些训练有素的狗。建议你了解“Pawsitive Dog”（一家卓越的犬类训练中心），该中心位于波士顿，是由珍妮弗·维克里创立并领导的。中心里的大多数狗每天都在做人类觉得困难的事，例如在持续受到刺激且不被束缚的情况下安静地躺着。请你仔细观察维克里及其团队的方法。狗会因表现好而得到奖励，还是会因表现不好而受到纠正？奖励和纠正的比例是多少？表现良好的狗会被给予源源不断的食物和关注，这才是事情的关键。此举旨在训练它们做出训练员想看到的特定行为。我们认为，这种方法适用于大多数生物，比如金鱼或其他复杂性更高的生物。

在每个人的成长过程中，正强化和建设性建议都具有一定的重要性，但有一点令大多数人都感到惊讶：正强化与建设性建议的比例至少是 5∶1。按理说，如果你决定发出 1 个单位的建设性建议，接受者应当获得 5 个单位的正强化。我们研究过的许多职场文化中，该比例都接近 1∶5。这些公司在纠正行为方面付出了更多努力，但只有一部分是建设性的。

我们已经亲眼看到，任何人都可以达到 5∶1 的比例，哪怕是固执提出建设性建议的人。例如，如果你每周给出一到两个建设性建议，就请你每天找到真诚、具体、积极的正强化机会。如果以月为单位给出建设性建议，就请你至少每周都进行正强化。以此类推。现在，你已经掌握了规律。我们相信，当你被周围人不断的进步迷住时，你就会有所改变。

你怎么知道自己做的是否正确？他人的进步是衡量你绩效的指标。如果你没有看到进步，你就得尝试另一种方法。请你更具体地重述观察结果。建立更多的信任，以便你的接受者听到你要说的话。无论你的方法是否有效，你都不会因尝试而获得赞扬。作为领导者，你的工作是使他人变得更好。如果你提供的反馈有中性或负面影响，就说明你的工作没有做好。（参见文本框“为明天制定更高标准的 10 种方法”。）

为明天制定更高标准的 10 种方法

你还可以采取什么措施，快速为周围的人设立更高的标准呢？以下是我们最喜欢的方法，它们都可以在接下来的 24 小时内完成：

1. **设置团队项目**。如果忠诚是你的难题，你可以提高集体标准，这是一种不会感到痛苦的方法。请你召集团队，描述团队的目标，以及新期望的原因。请和团队共同决定如何实现这些目标，以及团队希望如何对实现目标负责。
2. **庆祝胜利**。拿出正强化机器，来一次真正的“试驾”。如果某人确实做了你想让他做的事，请公开表扬他，要真诚且具体，以发挥魔力。让每个听你讲话的人都清楚地知道他们要做什么才能从你那里获得赞赏。
3. **看到某人未来更好的一面**。不要只是假设某人可能在某天改进自己，要假设他们已经做到了。要与某人改进后的新面貌进行互动（即使他还未有所改进）。比如，把你一直难以完成的任务交给他们，或者提供只有改进后他们才可以采用的建议。发出任何表明未来就是现在的信号。

4. 让高绩效员工发挥作用。请团队中的高绩效员工指导和启发其同事，以此帮助你提高标准。这种指导可以采取多种形式，比如小组会议或密集的一对一工作。让你的新教练团队以能激发活力的方式来灵活解释其任务。
5. 进行事后回顾。这是美国陆军的标准操作程序，是要从真实事件中学习总结。你也可以采取自己的方式，让同事们聚在一起讨论想法，就算事情进展顺利，团队还可以讨论能在哪些方面做得更好。仅通过设定这个议程，你就可以表明现状还不够好。
6. 设定更好的目标。人们正在做大量的工作，来编纂和分享世界上关于目标设定的知识。请你灵活对待这项工作，根据自己的情况进行调整。英特尔、谷歌和其他公司都在使用的 OKR（目标与关键成果）系统是我们最喜欢的工具之一。如果你想更快上手，请考虑 SMART（目标管理原则）方法，该方法要求目标必须具体（specific）、可衡量（measurable）、可实现（achievable）、具有相关性（relevant）且有截止期限（time bound）。
7. 说出你的野心。把你想要达到的目标告诉周围每个人，并提供对你们关系有意义的详细信息。请使自己的胆识和目标感具有感染力。如果招聘问责合作伙伴会有助于你成功，那就大方地招聘吧。你还可以找一个（两个或三个也可以）同龄人，以助你保持诚实。

8. 消除效率低下。请你明白，时间宝贵，不能浪费。你得找出人们害怕做什么，并减轻其痛苦。在多数组织中，精简报告和优化绩效评估就意味着简单的胜利，但在此过程中，请你保持谦逊和好奇。要假设你不了解耗费团队时间的事情，也不知道可能有用的最新工具。
9. 大胆采取行动。请你立即采取有意义的行动，来实现个人或团队目标，越大胆越好。如果条件允许，请你做一些从未做过的事，一些就连最亲密的同事也会感到惊讶的事。从你开始，让别人清楚地知道你的信念和规范已经改变。
10. 成为标准。如果你希望周围的人采用特定的标准和行为，就需要为其树立榜样。请不要甘于平庸，不要放任自我。如果你发现自己滑倒了，请暂时离开领导道路。请花一些时间恢复，直到你重回正轨。

从期望到爱

我们中的某些人习惯于做一个严格的领导者。如果你也是这样，那么我们假设你具有充分的理由。在一个团队里，如果领导者标准很高，但缺乏奉献精神，就可能会为一个富有成效的短期目标服务（例如，将某人树立为负面榜样），但对于大多数团队而言，领导者这样做都会付出高昂的代价。

就像忠诚方面的权衡一样，保持严格是由你自身的需求（尤其是对控制和安全的需求）驱动的决定。严格至少可以暂时满足这些需求，但其好处是有限的。别人往往会满足你的要求，但很少会做出更多努力。他们会竭尽所能避免失败、羞耻感或任何你选择的管理武器，但是在严格的领导者身边，创新或偏离期望（即使是超出预期）往往风险太大。

有人会说，史蒂夫·乔布斯就是反例。作为领导者，虽然乔布斯有时是出了名的傲慢、霸道和急躁，但他建立了 20 世纪最具可持续性的创新公司。但是我们不认为乔布斯是通过严格获得成功的典范。在我们看来，乔布斯最高效的时候，就是将高标准（如果直言不讳的话）与对团队潜力的坚定奉献结合起来的时候。他定期授权周围的人执行超人般的任务，而他们则以强烈的忠诚作为回应，即使在科技人才之战最激烈的时候也是如此。苹果高管黛比·科尔曼是推出第一台苹果电脑团队中的一员，根据乔布斯许多高级助理的感受，她做出了总结："我觉得自己是世界上最幸运的人，因为我能和他共事。"[13]

沃尔特·艾萨克森为这位标志性的领导人撰写了权威传

记，书中讲述了我们最喜欢的乔布斯的逸事。他讲述了乔布斯试图在第一代 iPhone（苹果手机）上安装玻璃屏幕的故事，乔布斯认为，康宁公司能够制造这些玻璃。乔布斯乘坐飞机，拜访了康宁公司的首席执行官魏文德，后者告诉乔布斯，自 20 世纪 60 年代以来，康宁就没有生产过这种玻璃。出于各方面的考量（尤其是时间限制），乔布斯的要求是不可能完成的。乔布斯不太了解这个企业巨头，但却说道："别害怕，你能行的。想想办法，你一定可以做到。"魏文德深感震惊，但还是想出了办法，改造了康宁位于肯塔基州的工厂，用了不到 6 个月就交付了玻璃。直到今天，苹果手机和平板电脑上的玻璃屏幕都是由康宁公司生产的。[14]

在与魏文德交流时，乔布斯做出了所有领导者都必须做出的基本选择，即选择"我"或"你"。在我们眼中，就是选择"恐惧"或"爱"。乔布斯没有放弃与魏文德合作，而是使魏文德觉得自己是个英雄，能够把不可能变成可能。根据我们的经验，这并不像听起来那么难。许多领导人已经对周围的人做出了很多奉献，只是没能有效传达它们。他们在内心深处默默地、安全地为员工加油，把人性藏在心里。这样做对任何人都没有什么好处。从严格走向正义的过程通常需要寻找方法来揭示你真正的决心。要做到这一点，有无数种方法。我们在文本框"为明天揭示深度奉献的 10 种方法"中列出了我们最喜欢的方法。

为明天揭示深度奉献的 10 种方法

若想和周围的人交流你的决心，你可以做下面 10 件事，所有事都可以在接下来的 24 小时内完成：

1. **再说一遍，放下手机。** 在漠然的当代世界，人们的注意力始终集中在电子设备上。因此，给予别人纯粹的关注是最清晰的奉献信号。请你按照手机发明的初衷来使用它，手机是为了让你离远处的人更近，而不是离近处的人更远。
2. **引导你内心的特里·格罗斯。** 请你培养对周围人的好奇心，弄明白如下问题：为什么同事会做出那样的选择？在决策过程中，什么使他们感到惊讶、高兴或失望？如果你不知道如何开始对话，可以借用著名公共电台主持人特里·格罗斯喜欢的台词："说说你自己吧。"[15]
3. **了解他们的现实生活。** 假设你知道，你同事做事情的时候都秉持着相当严格的态度，不过，他们做的不一定都是对的。请你积极询问他们，甚至做些善意的、老套的工作跟踪，找出真相。如果你发现，同事们的时间安排确实不太理想，请帮助他们改善工作优先事项。

4. 询问你能否帮上什么忙。请你了解如何为他人服务。不要把服务他人与你的其他待办事项混为一谈，请把谈话重点放在如何帮助他人完成有意义的事情上。在你做出承诺，保证自己会帮助同事获得成功机会之前，请不要结束对话。
5. 主动提供帮助（无须询问对方）。请在团队里选择一个你非常了解的人，你十分清楚他的工作事项（鉴于这些事项就是你安排的），通过帮助这个团队成员完成一些事项使他感到惊讶。请你选择一些会引起挫败感以及与团队成员的长期目标不一致的事项（二选一也可以），并告诉他们，你十分了解这些事项。
6. 提供小吃。请喂饱他们，最好是用他们真正想吃的东西。只要送出一盒惊喜的甜甜圈，就能解决这个问题。喂饱某人，就是在最基本的层面上承认他们的存在和人性。我们可以用各种各样的理由送出小吃，比如庆祝、感谢、对即将到来的艰难夜晚的支持。这些食物很容易培养奉献精神。
7. 让他们休息一下。研究表明，只有与恢复相结合，冲刺才会有效。请保护人们的恢复空间，尤其是那些把自己当作仿生人（仿真机器人），认为自己可以无限期前进而不停下来休息的人。对你来说，保护下属的恢复空间更为简单。你只需强制要求他们回家，休息一天（或更长时间）。

8. **承认他们工作之外的生活**。你可以通过多种方式表示自己知道某人是多维的、立体的。因此，你不必假装对他们孩子的蜘蛛侠主题派对感兴趣。相反，你只需明白，人们在工作之外还有自己的生活，并减少让他们在晚上和周末加班。对女性来说，这一举措尤其重要，因为她们更可能要照顾孩子和年迈的父母。
9. **表达真诚、具体的感谢**。如果某人做了某事，使你的生活变得更好，请表达感谢。请你具体说明他们做了什么、该行为如何对你产生影响，以及该行为如何重要。若要激发更多的奉献，你还可以送上感谢信，或赠送其他物品。即使礼物没有创意，也并不丢脸。因为，从来没有人说过“别再送花了”这种话。
10. **少说“我”，多说“我们”**。语言很重要，它能塑造和重构现实。首先，请你检查自己一天中会说多少次“我”。然后，请用“我们”代替大部分的“我”。如果想让效果更好，请多使用“你”和“你的”，比如：“我们如何帮助你实现希望和梦想？”

从忽视（一直）到爱

发现自己在忽视象限上时，你实际上有两种选择：要么为这段关系投资，要么礼貌地将其切断。对你和他人而言，忽视都是一个有害的选择。确实存在所谓的良性忽视，但其贝塔系数[①]很高，既可能产生积极结果，也可能产生灾难性后果。

潜意识决定去忽视那些本不属于我们生态系统的人，这是我们观察到的一种忽视模式。作为情感生物，我们经常通过剥夺他人人性的方式（这些方法有时非常细微，比如减少眼神接触），使自己免受分离造成的不适感。请你参见文本框“如何礼貌地解雇员工”，在文本框中，我们深入讨论了如何体面地解雇某人。该过程需要你进入正义象限，听到这里，你应该不会感到惊讶。

从忽视到正义的道路似乎很漫长，但是它也可以像改变我们经历的许多选择一样，在一瞬间被逆转。事实证明，做出不再忽视他人的决定根本无须花时间。

① 贝塔系数是一种风险指数。——译者注

如何礼貌地解雇员工

过去10年间，我们与无数的高管共事过，许多高管都处在充满挑战的环境中。遗憾通常不会是这些高管的主要情绪。但是，当遗憾出现时，他们基本都会后悔没能及时采取行动，后悔没能做一些在他们看来对公司有利的事。绝大多数情况下，他们会等待许久，才让不再适合待在公司的人离开。

快速而优雅地与员工分道扬镳，是最重要的战术领导技能之一。下面是我们的建议，教你如何用“高标准，深奉献”的原则对待所有的员工。

- **认识到目前存在的痛苦**。首先，请你展开全面且诚实的核算，清点不作为的代价。多数领导者都能意识到，表现不佳的员工会带来哪些负面影响（比如，影响绩效或文化），但是领导低估了人尽其才的好处。如果让真正出色的人担任某个职位，团队和公司会获得什么？业务会如何改变？
- **维护员工的尊严**。任何被解雇的人都会感到痛苦，多数情况下，情感和财务上都会痛苦。因此，不论是讨论时机、解雇待遇，还是所遵循的解雇协议，你都要尽可能维护员工的尊严。能不调动安保人员，就不要调动。不知为何，让被解雇的员工感觉自己像罪犯，已成为常规做法。然而，从遭到报复的角度衡量，领导的羞辱很少是正当的。

- **亲自上阵。**不要把解雇谈话交给其他团队成员。你的员工正在密切关注事情的进展。可以利用此机会发出明确信号，表明公司和自己的问责制与价值观，还可以确保被解雇的员工得到适当支持。如果你不在场，这些机会就很容易浪费掉。
- **致力于被解雇者未来的成功。**请你坦诚地阐明自己的决定，并帮助被解雇者找到下一个机会。请你说清楚公司的状况，感谢他们过去所做的贡献。每个人都会在职业生涯的某个阶段遇到挫折。在大多数离职案例中，你都可以帮助他们重新站起来。情况或许会比较复杂，但无论如何，你都要慷慨。
- **尊重所有人。**请你确保留下来的成员能得到足够的关注。对他们来说，你的决定意味着什么？他们应该得出什么结论？尽管此时的紧张情绪可能是良性的，但你还是要制订计划，减少无谓的焦虑。请及时回答任何能回答的问题，最好是亲自回答。然后，请让你的军团重返战场，专注推进更大的任务。

关于本章的标题

我们本打算将这一章命名为“严厉的爱”，但最后决定，仅保留“爱”。帮助别人追求比他们目前生活更好的未来是一份礼物，是我们所知的人类大爱最纯粹的形式之一。毫无疑问，“爱”是早上起床的动力。

我们使用“礼物”一词，部分是因为礼物不是免费的：让他人变得更好，送礼者需要付出一定的代价。在本章中，我们已探讨过，对于领导者来说，所有通往正义的道路都包含一定的紧张感。当你正确对待这项工作时，当你所做的改变能使他人蓬勃发展时，你可能会觉得自己好像在某个时候犯了错。埋头前进，这是我们向你、向所有人传达的信息。你需要适应不适的感觉。你会得到回报，得到释放他人的充足力量，该力量通常被称为“爱”。

只要你准备就绪，就可以进入赋能型领导的下一环：归属感。在那里，你不仅可以为个人赋能，还可以为团队赋能，确保每个人都能贡献独特的能力和观点。正是在那里，多元化和包容性铺设了通往卓越表现的道路——更准确地说是高速公路。

思考题

√ 别人在你身边时，他们有什么感觉？你想让他们有什么感觉？

√ 在“标准-奉献”矩阵中，在哪些象限会让你感到舒适？对你来说，哪个象限最舒适？

√ 领导需要做点什么不一样的事情才能持续处于正义象限？才能展现“高标准，深奉献”的原则？

√ 是什么让你觉得做正义的工作是值得的？如果你能可靠地帮助他人蓬勃发展，将会发生什么变化？

第四章

归属感

本章的重点不在于多元化和包容性。不过，以上两点仍然需要在组织中加以强调，准确地说，仍然需要被深入理解和广泛接受。如果你或亲人深信，包容性只是可有可无的管理学奢侈品，如果解决了更重要的业务问题后，你才会将包容性提上日程，那么我们就得先与你谈谈崇尚差异的道德必要性，以及它带来的丰厚竞争优势。重点之一是，真正的包容性（不只包括多元化）将有助于你更快更好地解决商业问题。[1]

正如我们从第二章所开始探讨的，如果我们把完全的、多维的“自我”带到工作当中，组织就会走向胜利。受益的不仅仅是那些弱势群体员工。在包容的环境里，我们都能表现得更好、更真实。基于这一观点，本章将探讨你接下来要面临的挑战：建立并领导包容性团队。

我们的目标是帮助你为团队赋能，让他们超越自我，而不是无视他们的差异。差异不是团队的瑕疵，而是其优势。我们认识的许多好的领导者都认同这一想法。但要把想法变为现实，充分释放与他们肤色不同、思想不同、语言不同的下属的潜力，实在是举步维艰。本章就来谈谈如何克服上述困难。[①]

从头开始，从任何地方开始

根据传统的人力资源生命周期（即成员在组织内经历的周期），我们把论述分为以下三个部分。首先是新员工的招聘，其次是创造人人蓬勃发展、机会平等的空间，最后是留住优秀人才。这三个环节充满挑战。从赋能型领导的角度来看，它们不仅使"差异"变得安全，而且使其被接纳，并得到赞扬和感到被珍视。

需要说明的是，这些环节只是直观结构，并非我们建议的操作顺序。我们的建议是，在你的能力范围内，同时做（至少是开始做）尽可能多的事情。人们有时会问："什么时候是开展包容性变革的最佳时机？"我们通常会回答："不如现在就开始？"

① 基于有限的篇幅和我们的亲身经历，本章主要聚焦女性和LGBT（性少数群体），探讨可见的和（绝大多数）不可见的差异。不用说，我们的建议只有部分适用于其他群体。无论你因何不同、寻求何种支持，我们都希望该建议能为你指明方向，并且能在具有实践意义之处展开讨论。

首先，若想让事情进展顺利，你可以试试强有力的“撕破创可贴”观点。揣测变化会为生态系统注入焦虑，而解决办法则是用“切实”的改变替代焦虑。由于人类想象力丰富，等待越长，关于“未来会发生毁灭性灾难”的幻觉就越多。“幻觉”是我们的友人兼同事——教育家汤姆·德朗最爱的词。直接开始能创造足够的动力，提升必须经历的学习曲线，克服变革过程中遇到的各种困难。

我们绕不开一个重要问题是：要不要尽我们所能，尽可能快地提高包容性呢？领导面对偏见无所作为，不仅毫无人道，而且会挫伤士气。如果发现下属中存在偏见，却迟迟不加以处理，就会被理解为默许不平等现象，不期待他们展现实力。试着想象你对同事说出以下这番话：“嘿，我们已经发现，公司只为白人异性恋男性赋能，但目前要忙的事情太多，这件事得晚些再处理。”如果你迟迟不回应偏见，这实际上就会是你传达给下属的信息。

永远、永远、永远会有人叫你放慢速度，少做点事情。他们通常具备老练的工作经验，深切关心组织运作，最担忧某些好东西可能会在变革中流失。我们在哈佛商学院研究性别不平等问题时（参见本书第六章），有些同事从学校利益最大化的角度出发，好心建议我们多等一年。对于这个有着百年历史的学院来说，等一年似乎不算什么。

但鉴于我们的经验，这一年真的太重要了。我们已经意识到事态严峻：大型组织变革皆来势迅猛。因此我们建议即刻开始，斩杀所有“巨龙”。我们曾与各级变革制定者密切合作，但从没听人说过“要是多花些时间，少做些事情就好了”。我们经常听到的恰恰与此相悖。（参见文本框“组织停滞不前的10个迹象”。）

组织停滞不前的10个迹象

假设你在努力营造更具包容性的工作环境，但怀疑有些同事在故意拖你的后腿。他们有各种各样的方式来抵抗变化，其中有些行为很难理解。以下10个迹象显示，你的组织正原地踏步：

1. **公司组建了变革特别行动小组。**一小群勇敢的变革家是加快变革的最有力工具之一，但事实证明，大多数变革小组都不太称职。这些小组独立于传统的级别链之外。如果组织要求你依赖此种结构，请确保它是具有合法性的、能够有效决策的机制。
2. **公司感谢你所付出的时间和精力。**如果你怀疑自己遭到轻视或面临解雇，事实很可能正是如此。顺带一提，收到感谢与不被认同是两码事，前者是积极的回应，代表组织对你的接纳。作为变革者，你的责任是提出理由，说服同事接受你的想法。你的同事则需要真诚待人、相互配合，而非满足你所有的要求。

3. **成员怀疑组织是否真的存在问题。**当你指出包容性问题时，要做好被质疑的准备。要同事们直面严酷的现实不是一件容易的事情，要他们接受组织中存在偏见，更是难上加难。你得强硬点，充分利用你收集的证据，阐明全员参与度受到阻碍的代价。
4. **回应匿名批评者向你提出的质疑。**这些质疑通常采用如下开场白："作为朋友，我得告诉你大家的看法。"一般来说这是一种控制策略，意在剥夺你的知情权。别上钩，不要回应流言蜚语。要鼓励批评你的人公开身份，以便直接有效地应对异议。要想合作，就不能含沙射影。
5. **有人企图援引法律，抗拒变革。**你可以直接与法律团队合作。比起滥竽充数的批评者，专业队伍更富创造力与灵活性，能提出解决问题的对策。与某些煞风景的人不同，律师生来就具备较强的风险承受能力。因此，诉诸法律，越早越好。
6. **你的同事指出，其他事物也在变化。**如果出现这种批评，说明你的企业吸收积极变化的能力有限，而你正在逼近该极限，局势危险。人们往往会低估公司自我完善的能力，轻视迟迟无所作为带来的巨大代价。为了消除疑问，我们重申一遍：面对偏见无所作为，不仅毫无人道，而且会挫伤士气。

7. **不断有人提出，以后再进行改革会好得多。**人们总幻想在将来实施改革会容易得多，这或许是最常见的抗拒变革的表现。以我们的经验（见下文），在未来改革几乎行不通，应当立刻开始改革。现在你思路清晰、动力十足，但这些丰厚的资本会转瞬即逝。多数情况下，尤其是周围人的利益受到威胁时，“迫在眉睫”的变革会占上风。
8. **采取变革行动的期限越拖越长。**这是另一种常见的拖延策略。人们若是心怀如第6条和第7条所示的担忧，就会用这种办法抗拒变革。同事们只是在概念层面接受了你的想法，变革的时间表却不断延长。慎重对待类似苗头，因为它对变革的存亡构成了威胁。对组织的健康而言，包容性举足轻重。而当下就是增进包容性的最佳时机。
9. **同事打算等你出局。**管理学界的思想领袖厄尔·萨瑟将这种做法称为“肾结石管理”，即假设什么都会过去。务必让他们清楚（最好是面带微笑地表明），你哪儿也不会去。你不妨试试，每天早上端着咖啡（就像人们喜欢的那样）站在某人的办公室门口，声明你绝不会离开，直到能够参加会议。顺带一提，对我们来说，这一计策屡试不爽。

10. 同事不断地说："我们已经试过这个了。"你提案中的部分内容或许已经被尝试过了。若是如此，你需要了解相关历史，弄清楚先前制定的策略和实施策略过程中的缺陷，尽可能从错误中吸取教训。不管怎样，彼一时，此一时。从前可没有如你这般愿意消除偏见的重要领导。有了你，一切将变得不同。

第一步：吸引并选择多元化人才

我们曾对一些招聘流程进行细致考察，它们都可以适当改进，以促进多元化。面对其他挑战，你或许热情高涨、分析缜密、一丝不苟，我们的目标是让你把同样的态度带到多元化进程中。首先，你需要将缺乏多元化视为一个问题，一个与丧失市场占有率或运营效率低下同样重要的问题。与其他问题相比，多元化问题可能更加情绪化，如果要解决它，你得克服负面情绪，并随机应变、锐意进取。

在这个过程中，许多组织都经历了变化：它们已学会如何从狭窄的人口结构中聘用最优秀的人才，可一旦超出这一范围，它们便举步维艰。比如，许多美国公司都为自身现状深感惋惜，那就是在吸引其所知的白人异性恋男性方面，它们成绩斐然，然而，这些公司还不太懂得如何可靠地招聘女性、有色人种、性少数群体、任何交叉群体，或它们不了解的异性恋白人。（“了解”是指人们虽然在学历方面有差异，却在很大程度上接收相同的信息，受到类似的影响，具有差不多的生活经历。）这里有一个简单的定向测试：如果你团队的群体组成与更广泛的人口结构相去甚远，那么你或许陷入了与上述公司同样的境地。你很有可能在人才池里设置了人造壁垒，阻碍垂钓过程。你不仅错过了美丽池塘中的其他“好鱼”，还与“一视同仁”的文化环境相悖。

招聘包括两个部分：吸引和选择。“吸引”是指能够引起外部人才的兴趣，使其为你效劳的能力。如果现有的招聘流程只能吸引单一人才，你就得设计差异化方案，增加应聘者的多元性。你不必推翻所有旧制度。旧制度既然行之有效，完全可以保留下来，吸引原先那类贤良之才。

若要在吸引方面实现差异，你需要这样做：弄清团队缺少何种成员，在其聚集地展开招聘。例如，如果领导层中白人和男性居多，而你正在寻找法律人才，何不着眼于像“1844”① 这种成功的黑人律师协会。如果你需要技术人才，不妨出席“格雷丝·霍珀庆典”——世界上规模最大的女性

---

① “1844”这一名称是为了纪念美国第一位黑人律师梅肯·博林·艾伦，他于1844年获准在美国执业。

技术专家聚会。[2]你还可以积极走访历史悠久的黑人大学、女子院校和坐落在你不熟悉的地域的学府。换言之，如果你想吸引不同类型的人，就得在不同类型的地方（理想情况下，他们会在那些地方聚集）与其见面。

魅力型领导者凯美·达纳韦是多邻国公司（Duolingo）的首席营销官，该公司开发了一款创新型语言学习应用程序，凭借"游戏化学习"吸引了越来越多的用户（目前已超3亿）。（"游戏化"是指把传统的游戏功能创新地应用到非游戏应用程序中。）达纳韦拥有丰富的技术公司运营经验，曾担任雅虎的首席营销官。她以多种方式展现了自己致力于赋能型领导的决心。她曾以幽默的语言写了一本名叫《凯美知多少》的"个人操作指南"，并在同事中传阅。书中提到了她10多年来坚持的目标："做一个积极的人，影响、鼓励并挑战周围的人，帮助其发挥潜能。"

多邻国新任软件工程师的男女人数比例竟达到了1∶1，其中70%是有色人种，也是具备行业领先水准的新手。通过大刀阔斧地改革招聘策略，多邻国实现了上述里程碑式的成就。比方说，如果一所大学的计算机科学专业女性占比不到18%（该数字是美国平均水平），多邻国将拒绝在这所学校招聘员工。达纳韦像许多致力于包容性变革的领导一样，语调强硬，毫不妥协，宁愿"让有些岗位空缺数月之久"，也绝不在招聘标准上让步。她从经验中学到了耐心和坚持，并且十分确信总有地方存在着被边缘化的人才。[3]

我们把相同的信念带入了与 WeWork 公司的合作中。WeWork 是一家众创公司，遭遇了领导层变更和 IPO 中断，目前仍在重建当中。[4] 对于这家公司，我们仍在记录相关情况，为之提供建议，坚信其发展前景一片大好。[5] 我们之所以信任该公司，部分原因在于它坚定不移地秉持包容性理念。WeWork 的一线团队热情饱满，积极投身包容性招聘。每每与高层领导互动，他们都会向每个人抛出建议，探讨如何将职场妈妈、有色人种、退伍军人或外来移民等群体纳入公司，以提高包容性。难怪在该公司最新的员工优先级年终调查中，包容性会高居榜首。

在与 WeWork 的合作中，我们的一部分任务是吸引优秀女性，在各部门实现性别比例平等。（参见文本框“如何吸引优秀女性”。）尽管该公司已有 50% 的女性，但鲜少有女性在高层长期任职。我们的解决方案之一是投入部分时间，招聘我们“不甚了解”的女性。我们从中学到了一条教训：即使招聘过程自始至终都漫长且严格，我们也未必能招到“不甚了解”的女性。而做到这一点的公司，采用了两种截然不同的方法吸引女性，使其顺利入职。它们在这两方面花费了同样多的精力。

如何吸引优秀女性

当有公司哀叹“我们招不到杰出的女员工”时，我们丝毫不会掩饰对这句话的怀疑。我们经常被问及如何招聘更多女性，以下就是我们的几条建议：

- **勇敢地审视目前的实施情况。**如果你目前的招聘流程在培养男性雇员方面十分有效，却招不来多元化的女性雇员（更不用说介于两者之间的群体了），那么你首先得承认，你的现行标准只适用于雇用有限的员工群体。领悟了这一点后，你就得做好准备，设计多种招聘流程来吸引女性。[6]
- **耐心一点。**鉴于绝大多数完善的招聘流程都不是专为女性设计的，寻找出色的女性需要更长时间。杰米·胡巴诺夫是一家名叫“领导机构”（The Leadership Agency）的成功猎头公司的创始人兼首席执行官。根据他的经验，如果一家普通公司花费4个星期寻觅新的领导，新领导是男性的可能性将达80%。若将招聘时间延长至6~8个星期，则该数字会下降到60%。胡巴诺夫认为，如果你想招聘更多女性，就必须做好准备，花费更多时间去“联系并说服”。[7]
- **找出优秀的女性在哪里。**她们很有可能正努力工作，并且做得很开心。她们可能没有向猎头寻求帮助，或者拒绝过招聘人员的好意。如果你不知道自己所在领域的女强人在哪儿，不妨问问你认识的优秀女性，她们会告诉你自己出席了什么活动、使用哪些社交媒体、把谁当作榜样。

- 自己的人才自己挑。如果你看中了某位女性，请不要把招聘工作推给第三方机构，因为中介很可能会被置之不理。当然，招聘人员可以成为你智囊团的一员，但第一步最好由你本人迈出。尽可能减少你和女性人才之间的屏障，如果你不得不依靠中介，请确保他们的游说话术无可挑剔。曾经的总统候选人米特·罗姆尼关于“女性活页夹”[①]的言论触及了职业女性的痛处。因为这听上去就像是为了达成上司的指标，才把女性硬塞进工作岗位一样。
- 发送清晰的信号。最初抛出橄榄枝时，你就得表明意图。不要用“我们会在几周内回复你”之类的说辞结束对话。眼看着就要达成交易，你却中途停止转而评

① 美国共和党总统候选人米特·罗姆尼在总统竞选电视辩论中表示，在他担任马萨诸塞州州长时，去州政府求职的全是男子。他说：“我造访一些女性团体，说‘你们能帮我们找些人吗’，她们拿来（档案）活页夹，里面全是女性。”媒体分析指出，罗姆尼的此番言论恰恰证实了他的性别偏见，罗姆尼拒绝那些符合条件的应聘者，仅仅因为他们是男性。而他聘用女性也不是以职务为标准，而是为了聘用女性而聘用女性。——译者注

估其他应聘者，这是不可取的。在生活的方方面面，女性都接收着混杂的信号，比如，“要勇敢，也要柔弱”或“要强硬，也要平易近人”。如果你的信号模糊不清，招聘对象很可能把你和其他领导者混为一谈。这类领导者轻视女性，对“女性的力量”持矛盾心理。

- 开个无须谈判的薪酬。有一家初创技术公司成功地招聘了一位卓越的女性首席运营官，公司告诉她：“我们刚刚招了一位一流的首席财务官，给了他最佳待遇。我们也要给你开同等工资。”各位，就这么简单。公司传达的价值信号再清楚不过了，她无须担心自己的薪水低于同级别的男性。
- 赞美她的领导能力。女性很清楚，公司看重她们的实用技能。最出众的女性领导者之所以能坐上那些位置，就是因为她们极其擅长履行工作职责。不过，如果你能使女性明白，除了实用技能之外，你还重视对下属潜能的激发、赋予和释放，她们就更有可能答应你了。
- 了解她的背景。重申一遍，招聘时要了解其具体情况。如果其随行配偶也在求职，请尽你所能，帮助对方在别的公司谋一份工作。如果应聘者是一名母亲，请伸出援手，为孩子找到合适的学校。如果她的父母年事已高，需要赡养，请让工作时间具备一定的弹性。我们发现，若要击败其他招聘者，就得全面了解女性的背景，这远比只提供丰厚的酬劳有效。

- **请她推荐其他精英女性。**形单影只地夹在一支全是男性的高层团队中，感觉并不好。再加一位女性进来，情况也改善不了多少。然而，一旦桌上有三名及以上女性，她们便能更自由地建言献策，不再背负额外负担，不再觉得自己不得不代表公司的全体女性。[8] 如果你的团队中女性数量少于三位，在招聘时，你就得问问她们在相同的领域是否有想与之共事的女中豪杰。你不仅得表明决心，致力于建设包容性团队，还得充满干劲，继续寻觅新的女性员工。再重复一遍，优秀女性往往知道自己的同类在哪儿。
- **向她索要“侮辱”清单。**有些做法会给女性带来意想不到的职业压力，例如在幼儿园开门前安排重要会议。作为领导，你得做些什么，弱化压力源的影响，减轻女性负担。下面这个例子再恰当不过了：公司若需要处在哺乳期的女员工出差，应当免费配备保姆，使其能携带婴儿一同出行。此举不但能增加亲子时间，还能使你的得力手下免于尴尬。她们不必躲在机场的厕所里抽吸母乳，也不必向机场的安检人解释奶瓶里装了什么。施乐公司前首席执行官厄休拉·伯恩斯公开谈论过类似的案例：为了照顾非裔美国人，镇子上应当有一个懂得如何打理黑人发型的理发师。[9]

· 表明你非常需要她。跟她讲明白，公司殷切盼望她的加入，将会努力助她大展宏图。你得说到做到。

例如，大多数高层女性都有自己的“背景”。有的需要生活在特定的地区；有的每个星期得在家工作一天；有的得先送孩子上学，再去上班。在我们的案例中，有一位女职员的孩子有特殊医疗需求，需要住在医院附近，便于急救护理。招聘过程中，WeWork 详细了解女性的背景，大大提高了女性应聘者对公司的认可度。到 2019 年底，试行新方法的职能部门中，超过 50% 的高级职位由优秀女性担任，她们此前都没有在 WeWork 工作过。[10]

“选择”是指从合格的候选人名单中挑出最佳员工的能力。选择标准越客观，包容性原则贯彻得就越好。警惕诸如“身体素质好”或“文化适应力强”等站不住脚且主观的标准，只有过于自信的“情人”，才会相中这类“西施”。（如果你坚持要用这种标准，为了保证招聘流程的真实性，建议你先预测，再收集相关数据，适时调整自信心。）你需要意识到，大家都有个人倾向，但主观喜好可能会与公司的最大利益相悖，要靠不掺杂感情的选择标准挽救局面。因此，建议你尽可能清晰地制定每条选项，学学凯美·达纳韦，切勿降低标准。①

另外，要想办法为外部人员创造公平的竞争环境。萨曼莎·比着手打造深夜系列喜剧时，创新地将组建一支包容性写作团队当成了第一要务。这是一项艰巨的任务。“要做出改变，确实需要付出很多努力。”萨曼莎说，“改变是一个持续的过程，必须把其内化于心。”[11] 为了提高成功概率，制作人乔·米勒使用盲投的方式雇用新作家。审阅材料时，她隐去了提交者的姓名和背景。② 米勒还创建了一个应用程序包，包括内部术语指南和作品格式等内容，清晰地说明了要提交的材料应该是什么样子的。正是上述改变，以及对变革的不懈追求，使该节目的作家男女性别比例达到 1 : 1，这在深夜节目史中是前所未有的。[12]

无论你决定做什么，都要把责任感带到招聘流程中。WeWork 开发了一款分析工具，能识别招聘流程中多样性指标的变化。该工具不仅能呈现应聘者的人口结构数据，还能展示被筛选者、进入现场面试者、挺进最终面试者等信息。

---

① 我们时常碰上这种情况：雇主忧虑不安，想通过降低标准招聘更多元化的员工。这是一种正宗的犬儒主义式忧虑，当“选择”被政治化时，不管这种政治化是如何导致的，都会毒害企业文化。要纠正上述问题，就要建立易于理解的包容的招聘流程，以及严格、透明的选择标准。

② Blendoor（招聘与人员分析软件）等应用软件具备应聘者档案匿名化等功能，以自动化方式减少了招聘偏见。脸书、谷歌、推特和爱彼迎等知名公司的招聘人员都在使用 Blendoor。

因此，在招聘的每个环节，我们都能洞悉决策走势。良性的流程中，各环节的人口比例应是相当一致的。然而，在需要警惕的流程中，比例会不断变化。引起比例变化的原因多种多样，例如，招聘经理可能不知道职场妈妈在上班前要留出空当送孩子上学。领导可以利用该工具提供的数据培训招聘经理，有针对性地实施变革。

关键在于开发和使用相应指标来提高包容度，避免重蹈“平衡候选人名单”的覆辙。过去的10年或20年间，各公司响应政策要求，力求应聘者名单的多元化。2003年，这一做法得到了大众的关注。当时，美国国家橄榄球联盟规定，主教练空缺的队伍，至少要面试一个有色人种候选人。该规定以匹兹堡钢人队前主席、美国国家橄榄球联盟多元化委员会主席丹·鲁尼的名字命名，被称为“鲁尼规则”。美国国家橄榄球联盟曾发表著名言论，称要保证黑人教练的数量，首先要保证每个队伍的主教练职位都有黑人应聘。

但问题在于，2003年“鲁尼规则”正式实施时，联盟中黑人主教练的数量是3名。[13] 2019年，也就是16年后，该政策已被奉为多元化“黄金准则”，在全联盟广泛使用，可黑人主教练的数量还是3名。我们认为，如果“平衡候选人名单”或其他旨在促进多元化和包容性的政策有利于达成你的目的，它们便值得一用。如果它们不可行，不管原因如何，都应将其废除，转而尝试其他方法。成果好，政策才好。

这就引出了招聘配额问题。作为一项呆板的干预手段，配额通常是最后一招，能使多元化数据更好看，但若要提高归属感和包容性等潜在驱动因素，配额帮不上什么忙。你不能指望配额来应付挑战以组建繁荣发展的多元化团队。相反，配额可能会滋生怀疑、怨恨和不安全感。不过，如果其他方法行不通，就必须依靠配额，才能迈向更加公平的环境。①

第二步：确保人人享有平等发展空间

根据我们的经验，蓬勃的发展由两个实际因素推动：一是重视包容性的文化，二是广泛的发展途径。在后面的内容中，我们将花些笔墨谈谈文化机制。但是，鉴于文化对组织内归属感的重要性，我们也想在此强调文化的作用。

如图 4–1“包容性仪表盘”所示，包容性文化具备四个层级：安全、接纳、赞扬、珍视。我们常常要求人们用仪表盘衡量团队的包容性，由此引出讨论。

我们对这些渐进性阶段的定义如下：

1. 安全。在职场中，不论身份如何，员工都会拥有身体和心灵的双重安全感。

① 回溯美国和南非民权运动的历史，不得不承认，配额是应对制度性歧视的必要不充分条件。

2. 接纳。在职场中，不论身份如何，员工都会受到接纳。他们能够全身心投入工作，不必担心受到惩罚。
3. 赞扬。在职场中，恰恰由于身份，员工会受到赞扬，会因贡献独特想法和观点获得奖励。
4. 珍视。包容性文化渗透在团队的每个角落，领导接纳员工之间的差异，并视其为竞争优势，个人、团队和各职能部门的归属感并无不同。

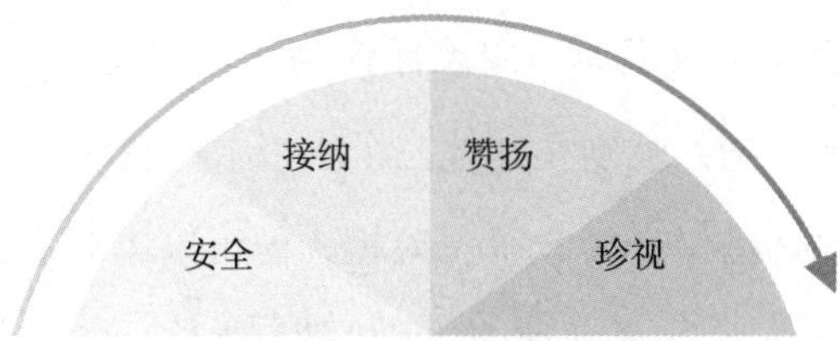

图4-1　包容性仪表盘

你会把团队定位在仪表盘上的何处？请记住，团队成员或许不会同时经历同一阶段。有人会感到安全，但觉得自己不被接纳、没受到赞扬（还有人以上四点都体会不到）。这些趋势是路线图，为你指明包容性工作的方向。并且，仪表盘上某人或某档案向右移动，可能会导致别人或别的档案向左滑落，出乎意料。

例如，某些企业文化中，女性员工获得了越来越多的包容性，男性员工的安全感就会降低，害怕不经意间做错事、说错话，害怕为错误付出代价。如果你的团队中存在这种情况，我们极力建议你常怀同理心，与下属直接对话。可持续的包容性方案必须使每个人都得到充分发展。

让我们来更详细地探讨上述定义。安全是最基本的。上班时，每个人都必须感到安全，在此不做赘述。领导者必须保护更有可能"缺失"安全感的员工，并为他们赋能。有一个典型案例能诠释上述脆弱性：现实中，女员工遭受性骚扰的风险更高，这种经历会影响心理健康，甚至危害身体。[14] 因此，公司应完善政策，预防并处理不端行为，同时培养对性骚扰零容忍的文化。[15] 如果你连为员工提供一个身心安全的环境都做不到，就别在其他三个层级上白费功夫了。

如果你确信自己锁紧了保险柜，便可以应对下一个挑战：确保每位员工（包括那些有"差异"的人）都得到了接纳。这些差异或许相当显眼，比如被一大堆白人包围的黑皮肤雇员；或许不易察觉，隐藏在宗教信仰、政治派别或性取向等方面。团队中，可能有一个处在而立之年的单亲家长，这位家长夹在完全能应付频繁的深夜会议的 20 岁年轻人之间，这是差异；可能有人费劲地约好医生，请了病假，与诸如多发性硬化症等"隐性"残疾斗争，这也是差异。

"不合群"的同事应当觉得，自己仍能全身心投入工作，并且免受处罚。他们应当觉得，自己有权享有和周围人同等的空间。这就是"心理安全"的内涵，这一概念由我们的同事兼朋友埃米·埃德蒙森提出，用于描述特定的企业文化氛围。这些文化不仅具备高绩效团队应有的要素，在其中，“人们也乐于做自己”[16]。

如果人们放下差异，感到安全，受到接纳，就能迈向包容性文化的第三个里程碑——正是因为差异，才会赢得赞扬和珍视。崇尚差异的文化将其视为创造与创新的源泉和增强组织力量的不竭动力。我们认为，Salesforce（客户关系管理软件服务提供商）的文化就是这样的，该公司的首席平等官托尼·普罗菲特循循善诱，率先鼓励差异化，使员工和组织获益匪浅。

普罗菲特解释了自己不同寻常的头衔（行业内仍然惯用“首席多元化官”这类称号），强调多元化只是起点，要做的还有很多。普罗菲特认为，当员工“获得注意、包容和重视”时，就会触发真正的魔法。这一资产极具竞争力，就像马赛克图画，独特而复杂的部分汇聚起来，形成更为壮观的整体：“画作体现的是各种创意的融合之美。”[17]

对差异的赞扬根植于制度之中，员工因其特质受到珍视，对个人、团队和各职能部门一视同仁，是包容性文化的最终境界，也是“归属感之途”的终点。这一阶段，拥有一位包容的管理者变得理所当然，大家对有“差异”者体贴入微，坚信差异会使团队变得更好。

这也是美国最大的啤酒酿造公司安海斯－布希的首席执行官邓明潇的工作重心。邓明潇坚信“是包容推动多元，而不是多元促成包容”，他致力于使归属感弥漫在公司的各个角落。他认为，如果公司能够达到包容性仪表盘上的“珍视”阶段，就能释放全部潜能。“员工就是我们最大的优势。”邓明潇说，“如果能够做到，我们将所向披靡。”

包容性会议

包容性仪表盘的实际应用情况如何？我们来举一个团队例会的例子为你解答这一问题。假设你是一名黑皮肤或棕皮肤女性，而团队中大多数是白人。你按时出席了会议，并感到“安全”。因为曾有个人多次在公司的 Slack（企业聊天工具）群组中发送消息，要求你和他约会。你劝他别再给你发这类消息了，但无济于事。现在，他已经被调离了。

你走进会议室，有个白人同事让你坐在她旁边，你感到自己受到了“接纳”。团队领导是一个年长的男性。会议开始时，他说：“我想听听团队的建议，希望每个人都能说点什么。”此时此刻，你感觉很棒、很舒适，做好了参会的准备。

会议在继续，团队的想法和原本的计划似乎不谋而合。（请注意，这时大多数组织会敲定想法、宣布胜利、迈向下一阶段。）你有不同意见，但不想打破现状，也不想拖集体的后腿。接着，领导问：“那么，我们可以换个角度想问题吗？”讨论中涌现出新的声音。领导说：“很棒！我原先怎么没想到！”他“赞扬”这些声音，以确保团队的思路更加严谨。

然后领导问："还有没涉及的观点吗？"房间随即安静下来，但你说了自己的看法。同事们客客气气地与你辩论，他们指出了你没考虑到的风险，但其中的雄心令他们兴致勃勃。领导开了口："听我说，虽然你的办法可能行不通，但很大胆，我喜欢。要想成功，这种主意得多来些。"散会后离开会议室，你感觉自己受到了"珍视"，因为公司认可了你独特的思维能力。毫无疑问，你是属于这个团队的。这种感受并不陌生，上个星期在另一位经理主持的会议中，你已经体会过一次了。

"发展"是对员工的成长和进步有意识的投资，既能以正式形式进行（例如培训项目或公司大学），也可以是非正式的（例如导师指导或布置延展性任务）。我们深信，正式的和非正式的"发展"都意义重大，只要有合适的发展性投资，人们就能以闪电般的速度成长。

有的领导抗拒"发展"，偏爱"适者生存"。他们聘用尽可能多的员工，指明工作要求，让下属自主地摸索着成长，等着最优秀者胜出。他们认为，良性的精英制度不仅能够替代发展，还能把强者和弱者区分开。

浅显来看，"适者生存"似乎有其合理之处，但执行起来却不太稳定。原因之一在于，不论你是否认可"发展"这一概念，非正式发展始终在发生着。此外，非正式发展很难被公平分配给每个人：有些"适者"能轻而易举地得到它，而另一些人，就像我们的同事前不久描述的那样，每天都在经历一次冰桶挑战[①]。更糟糕的是，我们经常把与我们不同的人扔进深渊，却不知道我们给与我们相似的人行了多少方便（比如在学前班募捐会上和与我们相似的人闲聊），更不知道这也是一种发展。即便你信奉"适者生存"的理念（在此声明，我们是坚决不信的），也请务必确保，非正式发展不会损害有些人的利益。

那么，非正式发展是什么样的？它可以是指定由谁负责特殊项目，接洽重要客户，也可以是选择由谁陪同高层领导，参与策略性实地考察。人们很少深思熟虑，只是任由这些机会自然而然地分配，要杜绝这种现象。反之，要尽可能有意识地系统提供非正式发展机会。要做到这一点，你需要开展相应培训：既要教下属如何培养人才，又要教他们如何获得成功必需的支持和投入。此外，你还需要全面了解团队每个成员的发展情况。

这就使话题回到了"正式发展"。凭借非正式发展，组织能走很长一段路，但往往还不够远，对发展迅速的组织来说尤为如此。重申一遍，通过与优步的合作，我们学到了如下教训：在高速发展的组织中，由于时间、空间有限，员工（尤其是经理）往往很难得到充分的非正式支持和指导。初创公司会因人力资源技能投资不足而面临额外风险，也就是说，有时候，说起人力发展价值及机制，它们也不清楚应当掌握

---

① "冰桶挑战"活动旨在增进人们对渐冻症的了解，此处指艰难的处境。——译者注

什么。得益于日渐增多的正式发展项目，初创公司能够解决上述问题，还不用在资金和人事方面大费周折。

第三步：使用严格透明的系统提拔佼佼者

若决心要提拔员工，你需要一套行之有效的晋升流程。除了其他要求外，这一流程还要具备透明的标准。把关者和被提拔者都应该对这些标准了如指掌，明确晋升所需的条件。

如果晋升标准不够清晰，公司将会付出巨大的代价，做决策的把关者的主观性就会钻空子，带来潜在的负面影响，包括容易被忽视的人才会受到打击，从而疏远团队。这种主观性会耗费组织相当大的精力去处理情绪问题。你手下的大部分精英是成就导向型人才，都在考虑升职，有人甚至时时刻刻都在琢磨这件事。鉴于此，我们也在思考，在哪些方面升职会与公司的利益相悖？把主观色彩带入晋升流程，还会引起下属怀疑：上司提拔某人，是不是因为原先就认识，或对其印象不错？女性或有色人种员工尤其会这样想，因为就升职而言，这类人往往处于劣势。为了避免猜忌，请你明确晋升的客观因素，并在同事中广泛宣传。

另外，在提拔过程中，你得找出引起弱势员工不适的人口模式。请注意，出于好心，有人可能会把你需要的数据“锁起来”。这些“守护者”扮演着重要的角色，但也可能在无意间阻碍团队进步。你需要以友善的态度、安全的方式来处理这些数据，同时坚定决心，改善晋升人群比例失衡的情况。

非常重要的一点是，要谦虚，因为你对于某种情况的判断可能是错误的。举个例子，刚开始在哈佛商学院研究性别平等时我们就发现，男性教职工的晋升速度是女性教职工的两倍。就如何解释这一现象，我们请教了资历较深的同事，得出两条一般性假设：就晋升而言，要么学校的决策系统存在偏见，要么男性比女性准备得更加充分。

我们抛开个人观点，通过调查来验证上述假设的正确性。我们查阅了 15 年间的教职工简历（为了确保了解研究对象，我们选取了这一时间周期，因为我们在哈佛商学院工作了 15 年），发现了性别差异的真正原因：平均来说，打算晋升的男性在顶级刊物上发表论文的数量要多于女性同行。我们再进一步推敲，引申出著名的“五个为什么”分析法[①]进行分析。为什么我校杰出女学者发表论文的数量不如男性？为什么这些才华横溢的女性在学术上效率较低？

我们发现了意料之外的趋势：总体来说，在交付稿件之前，女性会花更长时间修改草稿（通常是一年或一年以上）。她们不断润色作品，追求完美。与此同时，男性同行则会频繁提交尚未完成的作品，提前获得批判性反馈，从而缩短录

---

① “五个为什么”分析法是指，对一个问题连续以五个“为什么”自问，以追究其根本原因。但问题的数量具有弹性，不拘泥于五个。——译者注

用周期。男性学者更快速地获得学术反馈，参与改进周期，并没有让完美主义成为绊脚石。

鉴于此，我们开展了一项活动，鼓励女性尽早投递论文，即使文章尚未达到“完美”。效果立竿见影，男性和女性的论文发表数量很快达到一致。因此，一旦确定了准确的因果关系，便能够找到问题的症结。相反，如果我们假设根本原因在于性别偏见，强制要求所有教职工参加隐性偏见培训，就会与正确答案相去甚远（还可能引发教职工的困惑和不满）。（参见文本框“我们为何怀疑 360 度评估”。）

我们为何怀疑 360 度评估

几年前，我们曾与一家政府机构合作。当时，该机构身陷困境，苦苦挣扎。机构顺利招到了优秀的女员工，但她们的职位局限于一定级别，没有进一步晋升。当升到一定的职位后，这些卓越女性仿佛集体被卡住了，并且没人弄得清原因。

在这种情况下，我们通常只从一个问题入手：你是否使用了 360 度评估等允许匿名评论的评价工具？360 度评估的应用极其广泛，无处不在。根据我们的经验，该评估尽管用意良好，但往往适得其反：人们会对男性和女性做出不同的评价，尤其在女性拥有正式权力时。若要员工评价能力相当的男性和女性管理者，有时，针对一模一样的行为，女性管理者经常蒙受嘲讽，而男性管理者则毫发无损，甚至得到赞扬。

对这类现象的简要解释就是，人们更有可能说一些关于女性的蠢话，特别是在匿名的条件下。举个例子，一项著名的案例研究中，MBA（工商管理硕士）课程的学生被要求评估两份简历。一份是硅谷企业家海蒂·罗伊森的，她以果断风格著称。另一份属于以海蒂为原型的虚拟男性“霍华德”。[18] 学生们还需回答如下问题：“你的风投公司是否应该聘用这位求职者？”有些班级收到了海蒂的简历，有些班级则收到了霍华德的简历。除了姓名和性别，两份资料完全相同，都包含“争强好胜”、“行事独立”和“行业领袖”等描述语。总体而言，学生对霍华德的评价明显高于海蒂。在个性相同的情况下，学生认为霍华德更能胜任公司的职位，而海蒂则不太讨喜、行事贸然。

性别差异始终是一个拖曳着人们的包袱，也是上述现象出现的原因，在此不多做赘述。我们只建议你少用匿名评估工具。或者，你至少得明白，这些工具无法遴选最佳人才。如果你非得要求每个员工就彼此的优缺点发表意见，建议你首先开展培训，教会他们如何有效、公正地评价同事。评估时，要把有价值的信息和干扰信息、员工自我评价区分开，这不是一件容易的事。同时，还得避免把员工打入深渊，而这是多数 360 度评估的弊端。（若要化解此类风险，你可以聘请一位资深引导师，负责收集与分析员工的资料，创设评估环境并进行资料筛选。）

此外，评估者给予他人的反馈，也可以用来反向评估其自身。如果有些员工对每位同事的评价都如出一辙，那么他们做得就不好。有些员工虽然对同事们做出了不同评价，但若是敷衍了事，或出于报复，这种评价也不算好。不过，如果员工能正确认识自己，敏锐地把握公司的情况，还能经过深思熟虑做出有据可循的评价，那么他们就应当获得表扬（或是提拔）。在我们看来，评估也是一种能力。人们应当崇尚评估，而不是受制于匿名的、不加筛选的 360 度评估模式——这是对评估的玷污。

我们还观察到一种现象，在 360 度评估中，总是会冷不丁地出现完全陌生的状况，令人们（特别是女性）措手不及。就像被不知从哪儿飞来的球砸中，她们被安上莫须有的罪名，却压根儿不知道指控者是谁。在这种状况下，她们很难解释清楚来龙去脉，也无力辩护。在第三章，我们详述了提出和听取建设性意见的最理想条件：在评估中，只有以信任为基础，这些意见才能富有成效。而匿名评估与上述条件相悖。从定义上讲，匿名掩盖了信任的基础，人们不用对说出的蠢话负责，导致反馈效果更可能弊大于利。

把话题转回最初那家政府机构。在这家机构中，360度评估不仅制约着每位员工，更在极大程度上决定着晋升决策。我们做了一项实验，要求高层领导拟一份名单，列出同等绩效、同等声誉的男性和女性下属。领导们笃定，同事们会与自己的看法相同。随后，我们让领导研究相应的360度评估结果，看看人们对名单中的员工做出了何种评价。

领导目瞪口呆——评估结果完全是“海蒂和霍华德”实验的翻版。领导们承认，如果别的部门的人不了解名单中员工的背景，或与其没有接触，读完评论，他们绝不会认为这些员工能力相当。晋升通常意味着部门间调动，所以这种误读早已出现。鉴于实验结果，这家政府机构决定取消评估过程中的匿名评价，让反馈在阳光下进行。

我们也推荐你这样做。

除了明确晋升要素、改进人口结构之外，你还可以捍卫包容性，推广赋能型领导，并将二者直接纳入晋升标准中。

这与微软首席人力资源官凯瑟琳·霍根的做法不谋而合。秉承上述理念，霍根与微软首席执行官萨提亚·纳德拉一起引领了当时最振奋人心的企业转型（详见本书第六章）。

霍根加入微软高管团队时，员工晋升主要基于个人影响力。后来，公司彻底改革了绩效评估制度。在新制度中，个人影响力依旧关键，但“员工为他人的成功做出的贡献”变得举足轻重。微软业务逐渐回暖，仍然将包容性列入三大精准实施要务之一。霍根亦将其作为所有绩效评估的关键标准。[19] 以上变革体现出纳德拉团队全身心投入包容性变革，也体现了领导者心态的变化——他们现在认为，为员工创造平等的归属感，是其广泛职责中不可分割的一部分。

第四步：留住，留住，留住

现在，完成了对各路英才的雇用、发展和提拔，你必须留住他们。在当今的人才市场中，这往往是一个巨大的挑战。

该如何应对呢？方法是，赢得每天都能留住员工的权利。建议你先与我们一起，做一堆堪称妄想的猜测。假设你的对手正对你具有包容性的、性能良好的“人才机器”虎视眈眈，妄图将他们纳入自己的发展渠道。假设每个星期，甚至每天，你的得力干将都会收到猎头热情洋溢的来电。（根据我们的经验，非裔美籍软件工程师平均每天都会接到这类电话。）假设有些人才觉得不安，或同时产生了大材小用、缺乏重视、酬不抵劳、怀才不遇等情绪。假设今天，有人把一个诱人的工作邀请摆在了你下属的面前，此时此刻，他们正与亲人一起，权衡跳槽的利弊。

每天早上，你都得带着这样的决心醒来：要创造令人满意的条件，使员工根本没兴趣接起猎头的第一通电话。尽管在各个组织中，创造条件的过程不尽相同，但一向是从询问开始的。你需要坦诚、虚心地问每位员工（尤其是贡献大的人）什么是其发展道路上的阻碍。着手与各公司合作时，我们喜欢与高层中的女性和有色人种进行一对一交谈，问他们："如果想留住卓越如你的人才，公司需要做些什么？"

他们的答案常常使领导惊讶。我们观察到一个直接挑战：除既定工作职责外，边缘化群体还得额外担负"代表税"。公司总要求边缘化群体加入招募委员会，或者某些要紧的利益相关者首次来访时，他们总得露露脸。如果在边缘化群体看来，比起同事自己做了更多无用功，那么上述措施就适得其反。我们的朋友——巍美集团首席营销官博佐马·圣约翰曾发问："我不过是个黑人女性，为什么需要应付所有事情？你们能做的，明明比我多得多啊？帮帮我们好吗？"

同时，请你记住，边缘群体可以"做成"某些事，但这并不意味着蔑视和侮辱从此就在他们的生活中消失了。就算身居要职，他们照样会经受偏见和不了解带来的痛苦。撞上玻璃天花板[①]时，他们照样会受伤。晋升无法治愈所有伤口。也就是说，你的职责不是给予某人一间角落办公室[②]或一瓶香槟这么简单。

因此，继续前进吧，带着愉悦，主动执行第一步、第二步、第三步，力求尽善尽美。吸引优秀人才，提供有趣的工作，视他们为决定公司未来的人，并在他们身上投资。如果他们值得提拔，请及时为其升职。别让他们干等着。别让他们跑去对手那里，获取在你麾下照样能拿到的任务、头衔和薪酬。

以世上所有公平正义的名义，请你按照贡献合理支付报酬。职场女性可能会怒不可遏的原因之一在于，虽然她们做了同样的工作，但工资却不如男同事高。该现象在科技行业尤为严重。得知团队中职位较低的男性收入高于自己时，勤奋、优秀的女性会垂头丧气，而这时常发生。目前，女性的愤怒已登上主流文化舞台。在美国，职业足球运动员正激烈争论，争取同工同酬。2019 年 3 月，美国女足起诉美国足球协会“性别歧视”，称明明是她们在关键指标上表现更优异，摘得更多桂冠，联赛收入也更多，然而获得的薪酬和支持却比美国男足少。[20]

---

① 玻璃天花板是一个职场术语，比喻阻碍女性和边缘群体晋升的无形障碍。——译者注

② 角落办公室通常指总裁或总经理办公室，比喻某人在公司中居于一把手地位。——译者注

在梅根·拉皮诺埃等明星球员的坚决抗议下，美国足协注定要输掉战斗。拉皮诺埃赢得了人心，引导球队进行了实际改变。2019 年，拉皮诺埃和队友们四度夺得世界杯冠军，体育场里爆发了不绝于耳的呼喊：“同工同酬！同工同酬！”

别让女性仅仅为了应得的报酬疲于奔命，这是底线。你要为从事同等工作的员工支付同等报酬，不论他们是男是女，或具有什么与众不同的特征。在他们做出额外贡献时，你要给予相应的奖励。

真相与和解

大多数组织的包容性旅程包含算旧账的过程，只有指出曾经的过失并伸张正义，才能为更美好的未来奋斗。举个例子。2014 年 1 月，哈佛商学院院长尼廷·诺里亚面对校友发表了一场演讲，为学院过去对待女性的种种做法道歉，演讲的效果非同凡响，现场座无虚席。我们未能有幸到场。据报道，诺里亚承认，学院中女性遭受了“无礼、无视和无情的对待”[21]。这番话使听众们屏住了呼吸。“学校亏欠了你们，”他明确宣布，“我保证，学院将做出改善。”

诺里亚的演讲在校友中飞速传播。对我们来说，这些话意义重大。如果你处在无法被完全看到、包容或重视（这是托尼·普罗菲特的三要素，本章已有提及）的环境中，就会产生负面情绪，并试图克制它们。此外，你还会觉得要疯掉了，辨不清什么是真、什么是假。你要讲明白，自己接受不了这种环境。这不仅有助于恢复心情，还能为以后打下基础。

被问起如何使组织从往日的伤痛中恢复时，我们时常会回顾诺里亚勇敢的言论。据我们的经验，领导者必须以乐观和正直的心态面对过去。为了创造更美好的明天，请你保持乐观，使用贯穿本书的谦逊和智慧解决组织问题。若组织中出了错误，造成人力损失，请你保持正直，承担根本责任。

大多数组织中，正直还意味着让某人对其作为或不作为负责。我们常说，组织变革可以重塑表现坏的好人，但无法重塑表现坏的“坏人”。后者具有毒性和劣根性，歧视他人，玩忽职守。在我们看来，对于“坏人”，解雇他们是你唯一可靠的选择。我们并不是在阻止他们改过自新，不过，你的组织没有必要承担不良行为导致的高昂人力和文化代价。若要把“坏人”对其余同事的影响降到最低，就必须放弃与“坏人”为伍。当然，若要挑出“坏人”，你得诉诸良好、公平、透明的流程，处理结果需经公司认可。干草叉[①]式裁决没有任何用处。

我们还要郑重声明，很多情况下，宽恕和救赎都是可取的。据我们的经验，给予下属搞砸事情的余地，允许他们从错误中吸取教训，对组织来说大有裨益。这种“恩惠”能释放强

① 干草叉是一种农业工具，被用来象征民粹主义，此处指未经客观流程，仅凭好恶断言是不是“坏人”。——译者注

大力量，注入公司生态系统。新力量不仅包括深深的谦卑，还包括精益求精的决心，可以感染公司员工。很明显，正是在这一环境中，公司以最快的速度，朝着真正的归属感和员工心灵的痊愈迈进。（参见文本框“拳头游戏公司的恩惠”。）

拳头游戏公司的恩惠

在第六章，我们将花更多笔墨，阐述初创公司拳头游戏公司是如何与过去和解、完全拥抱差异、实现蓬勃发展的。在首席执行官尼科洛·劳伦特的领导下，拳头游戏公司将包容性置于文化价值和战略视野的核心位置。劳伦特回顾了拳头游戏公司为实现包容性做出的努力，并就归属感和规模的关系谈了自己的看法。“包容性与增长不是平行的，”劳伦特说，“前者是后者的基础。包容性让可持续增长成为可能。”

劳伦特展示的是一种有原则的恩惠，在我们看来，它能够治愈组织。救赎之旅中，劳伦特十分重视公司中浮现的巨大伤痛，积极征求意见，针对怨言开展调查，并诉诸纪律处分（比如解雇高层领导）。不过，鉴于各种情况之间的细微差别，劳伦特给一些错误留了余地。拳头游戏公司的技术元老、首席运营官斯科特·盖尔布遭到起诉，被指控时常对男同事开“违反职业道德的玩笑”（公司成立初期尤甚），引发公开批评。盖尔布的所作所为无意中令公司的包容性大打折扣。即便如此，劳伦特仍然选择支持盖尔布，这也是劳伦特做出的关键决定之一。

公司的政策是不公开谈论具体事例。但是，鉴于盖尔布在领导队伍中举足轻重，加之有必要回应有关当事人的虚假谣言，劳伦特为盖尔布开了特例。董事会专门委员会和一家外部律师事务所审理了盖尔布的案件，对他处以两个月的无薪停职，外加敏感性训练[①]。盖尔布准备停职前，劳伦特给全体员工发了电子邮件，强调盖尔布始终致力于每一位员工的发展。劳伦特在邮件末尾写道：“我会支持盖尔布，陪他度过救赎之旅。他回来后，我依旧会重用这位卓越的领导……希望诸位同我站在一起。”

盖尔布的丑闻并非全是真的，最起码和表面现象存在出入。不论是在拳头游戏公司的职位，还是先前的职位，盖尔布均建立和领导过多元化团队，还是拳头游戏公司包容性文化的幕后拥护者。作为一个“20 世纪 80 年代美国中西部长大的、身材矮小且骨瘦如柴的犹太小

① 敏感性训练，是一种以培养管理者人际交往能力为目的的训练。——译者注

孩……盖尔布因热爱计算机和电子游戏而遭遇霸凌，被叫作‘怪胎’。因为当时，人人都认为摆弄计算机是浪费时间”。盖尔布的成长经历，让他相当能与“局外人”共情。然而，是盖尔布第一个指出，拳头游戏公司并没有深刻意识到上述现象会对企业文化构成挑战，也没有派他去解决问题。他告诉我们：“我这辈子最震撼的经历之一是，直接听到拳头游戏公司的员工说，拳头游戏公司的包容性令他们失望。当时，我意识到我们要做一些事情，但不知道要做多少。”

接下来的12个月，盖尔布致力于完善自身的领导方式，以清醒的眼光审视自己的工作模式和抉择。具体来说，他致力于成为一位始终如一、更具包容性的真正领导者。一年后，盖尔布与手下配合巧妙，增加了拳头游戏公司的产品，使公司业绩蒸蒸日上。此外，在推进公司包容性方面，他还跻身最高效领导者之列。拳头游戏公司新任首席多元化官安杰拉·罗斯博罗称，盖尔布是她最忠实的盟友之一，他们要将拳头游戏公司打造成最具归属感的行业典范。

盖尔布的故事中有一个重要情节：在关键时刻，他得到了劳伦特和其他拳头游戏公司员工的支持。许多同事（包括盖尔布指导或管理过的女高层）公开声援盖尔布，称盖尔布是他们职业发展的支持者和坚定拥护者。还有人在走廊上或会议后悄悄拦住他，为此前有失公允的推测道歉。这是盖尔布那一年最深刻、最受触动的回忆，这些瞬间激发了他的决心，他想要让未来的拳头游戏公司更珍视包容性。未来并不遥远。因为拳头游戏公司的员工已为盖尔布、为自己选择了道路，在这条路上，他们共享仁慈、共担脆弱、共同成长。该选择的另一种叫法，是恩惠。

黑人职场妈妈

最初从事这项工作时，如果有人咨询如何正确获得归属感，我们会提供一个简单建议：让组织对女性更友好，就能对所有人更友好。随着时间的推移，为了反映拥有多个边缘身份的人的复杂性，该建议进化为“让组织对黑人女性更友好，就能对所有人更友好”。最近，雪莉·桑德伯格提出了新的说法：“让组织对黑人职场妈妈更友好，就能对所有人更友好。”如果在组织中，黑人职场妈妈有机会像其他人一样蓬勃发展，那么一切都会一帆风顺。

如果你发现，还要走很长的路才能使黑人职场妈妈感到被珍视，请不要绝望。面对阻挡充分实现包容性的力量，人们很容易感到不堪重负。在当今时代，出了错误就会众目昭彰，许多组织因此深感焦虑，这种焦虑就是阻力之一。据我们的经验，化解负面情绪的良方，是真正坚定地将包容性看作紧急且可实现的目标。我们已经学到，只要向前走，用我们的“无畏精神”去应对一般意义上的归属感挑战，就会产生不可思议的力量。如果你能用乐观和进取代替焦虑和懒惰，就没什么组织能抵挡你的魅力。

现在在你面前的，是领导力之旅的最大飞跃：从“在场”跃升至“缺席”。与信任和爱一样，归属感是实践领导力的重要部分，你通常得参与其中。下面的章节将转向缺席领导。那些你在场时用于释放人们潜力的手段，接下来将不再适用。

思考题

√ 谁能在你的组织中蓬勃发展？在绩效评估、员工招聘、下属晋升或留住人才的环节，你是否注意到了人口结构？

√ 如果每个员工都能做自己，并贡献全部力量，你的公司将如何受益？

√ 安全、接纳、赞扬和珍视中，哪一个词语描述了组织中弱势群体的感觉？要使团队向包容性仪表盘的右侧移动，你目前可以采取哪些措施？

√ 要实现你的包容性和归属感目标，你需要谁的支持、认可或参与？你需要让谁相信，实现包容性是一个紧急且可实现的目标？

√ 趋近目标的过程中，你可能会遇到什么障碍？你将如何克服这些障碍？

第二部分

缺　席

本书的第一部分中，我们探讨了在你在场的前提下为他人赋能的方法。在第二部分，我们将继续讨论领导力的第二重定义：在你缺席的情况下，确保你的领导力仍能产生影响。在我们看来，这是领导力之路中最有趣的转折点，你开始改变他人，在组织（或更大的）范围内，以更快的速度排兵布阵。这里真正与你毫无关系。确实，在这一阶段，你甚至都不在办公室里。

解释一下，到目前为止，我们已探讨了如何领导手下的个人和团队。他们与你同处一间办公室、一幢写字楼或一个数字化工作平台。信任、爱和归属感都是领导力货币，你可以直接与他人交换。若是能妥善运用上述三点，团队成员的表现则如图 A 所示。再次说明，在场时，领导对下属潜力的释放是逐步完成的。

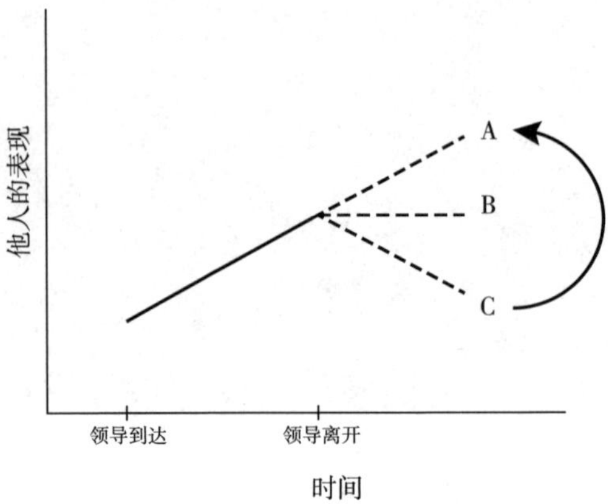

图A　领导力绩效曲线（扩大后）

然而，当你离开办公室后，图 A 会发生什么变化呢？最常见的情况是，领导者退出（即使只是暂时退出）后，其他成员的表现将停滞不前，甚至下降。这种结果一方面巩固了领导者的价值（和自我价值感）；另一方面也限制了领导者的能力，使其无法对与之互动的人施加常态化影响。事实证明，作为组织的领导者，绝大部分时间，你是置身别处的，至少在同事看来是如此。大多数下属做出大多数决策时，你都不在场。因此，要在你缺席的情况下释放员工的潜力，你需要其他的领导工具。

好消息是，你拥有两个强有力的操纵杆：战略和文化。有了它们，你就不必参与下属的活动。战略和文化是无形的力量，不论你是否在场，它们都能塑造组织，并为其他人——

相当数量的人——赋能。[1]因此，为了使战略和文化处于正轨，最成功的领导者往往会投入相当大的时间成本，并将二者广泛传播至公司的各个角落。

如果你做得到，就能为组织中任何部门的任何员工赋能。你的领导力绩效曲线也会从图 A 中更为典型的 B 路径或 C 路径升级成 A 路径。这样一来，即便你不在场，其他人的表现也照样能够改善。

“A”级领导者的影响力，在其离开后的数天、数年甚至数十年间，都经久不衰。即使员工不再受命于 A 级领导，这些离开母舰的“战斗机”也能闯荡世界、纵情翱翔。这是赋能型领导的终极标准，也是接下来两章的重点。

---

① 据称，彼得·德鲁克曾说“文化可以把战略当早餐一样吃掉”，这句话引发了两者孰强孰弱之争。在实践中，文化通常会赢得较量，仅仅是由于很少有人能把战略讲明白，因而无法影响多数员工。无论人们喜欢与否，文化都会不断凭借非正式信号和行为提示，高调地表明意图。然而，战略却常常卡在少数高层的大脑里，或搁置在年年都得重审的战略规划中。说实在的，文化与战略之争并不公平。

第五章

战　略

战略是缺席领导的第一个领域。在缺乏直接和实际领导的情况下，好的战略能教会员工如何部署现有资源（比如时间、精力和资本），从而为组织赋能。若要实行一定规模的缺席领导，员工必须充分理解战略，并据此做出决策。根据我们的经验，在许多公司中，只有最高层领导清楚战略，下属却困惑不已，组织因此止步不前。换言之，如果摆脱了沟通上的限制，战略便能够引导员工自由决策。本章就来谈谈如何消除这些人为限制。

首先，你要制定正确的战略。在本章第一部分，我们将介绍一个战略设计框架。其中的战略能取悦客户、保护供应商，并给股东和员工带来丰厚回报。我们很喜欢“价值导向战略”一词，因为它关注的是创造和捕获价值的来源。不过，我们不认可“战略只是一系列技术决策”的观点。我们认为，战略是领导者身份的直接延伸。战略将你的价值观和信念嵌入组织的一举一动，传至公司的各个角落。如果没有战略，你自己是做不到这些的。我们给你的挑战，是利用战略的超能力释放每个人的潜力。

战略是什么？

究其根本，战略描述了组织的取胜之道。战略的具体内容因行业而异，但通常来讲，应当把重心放在客户、对手和供应商上，这些外部利益相关者的决策关乎你的成败。[1] 提前说明，我们做了一个颇具争议的决定，那就是将你的下属也纳入上述人群之中。本章后面的内容中，我们将详述这一独到见解。

作为战略家，在对客户来说最重要的方面胜过竞争对手是你的首要任务。虽然听起来简单，但问题是，在大多数情况下，这意味着在其他（不那么重要的）事情上，你必须比对手做得更糟。我们对服务公司进行了 10 年的研究，总结出一条重要经验，并就此写了本书。该经验是，有些组织不服输，试图做好所有事情，却通常会沦为“精疲力竭的平庸之辈”[2]。耳熟吗？

因此，你不妨转变思路。作为缺席的领导者，你的主要责任之一是为员工赋能，让其在缺少你的监督的情况下自主配置手上的资源。同样，员工们应具备分配资源（即潜在竞争优势）的能力。不过，我们也建议你为其提供战略性帮助。强调一点，我们建议你集中力量解决主要矛盾，在最不重要的地方少投资，以便释放资源，在最重要的地方多投资。

在这方面，美国西南航空公司元老级联合创始人、首席执行官赫布·凯莱赫做得很好，打破了“航空公司势必赔钱，客户势必感到失望”的成规。图 5–1 中，纵轴是西南航空公司目标客户在乎的战略，重要性从上到下依次减小。为清晰起见，我们将这一战略分布图称为“属性图”。[3] 图 5–1 中显示，凯莱赫认为，对西南航空公司的目标市场来说，“价格低廉”最为重要，其次是“服务友善”。最底层是“网络覆盖广泛”和“机上设施完善”，这两种属性最不重要。

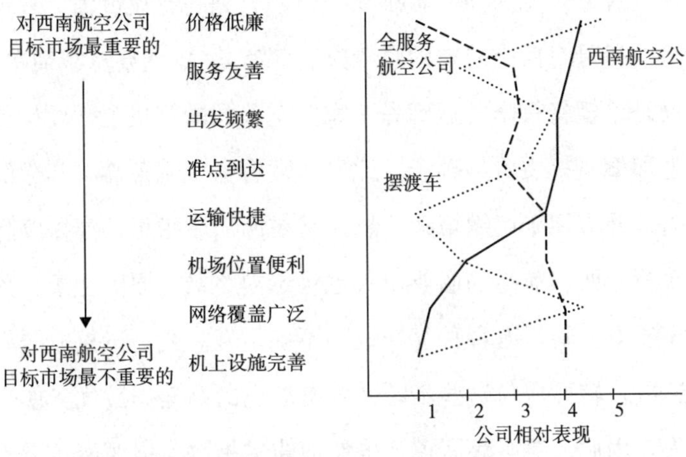

图5–1 西南航空公司属性图

资料来源：Frances Frei and Anne Morriss，*Uncommon Service*：*How to Win by Putting Customers at the Core of Your Business*（Harvard Business Review Press，2012）。

在对客户最重要的属性上，凯莱赫带领西南航空做到了行业顶尖水平，这恰恰是因为公司抛弃了对客户最不重要的方面。西南航空运营的机场位置都不太便利（例如，该公司在华盛顿的航空中心位于巴尔的摩[①]），但这意味着公司不仅能节省成本，还能吸引对价格敏感的客户。为了换取更便宜的机票，这些客户很乐意牺牲便利。此外，西南航空不提供任何意义上的舒适设施（甚至没有选座服务），但此举加快了飞机在登机口的中转速度。因此，与对手相比，西南航空从昂贵的航空资产中获得了更多的飞行时间，从而释放了更多空间来降低价格，而低价是客户最想要的。[4]

要做出此类决策，确实需要勇气，对不愿让任何人失望的领导者来说尤为如此。凯莱赫曾经收到一封投诉信。一位愤怒的祖母对西南航空的政策颇有怨言。[5]她的要求很简单，仅仅是希望将行李转运到另一家航空公司的飞机上，而她要乘坐那架飞机去看望孙子。此事非常有名，凯莱赫将其广泛传播，并应用于组织培训。凯莱赫在回信中指出，如果废除该政策，西南航空的商业模式也将走向终结。原因在于，另一家航空公司具有种种复杂性和不确定性。要是飞机放缓周转速度，转而应付这些难题，西南航空的高速周转优势便会消失。因此，凯莱赫写道，虽然他非常抱歉，但西南航空不

① 巴尔的摩华盛顿国际机场，距华盛顿市中心约 50 千米，位置偏远。——译者注

会转运任何行李。

我们特别喜欢这个故事，因而在此引用。这位祖母的背后，是无数有理有据的客户，他们都曾对西南航空的反常政策感到失望。试想，要对这些正当要求说“不”，是一件多么困难的事！从某种程度上讲，要恪守战略性原则，拒绝提供每个残酷竞争者都会提供的基本服务确实很折磨人。不过，凭借这一原则，凯莱赫建立了历史上最成功的航空公司之一。

敢于做得差：领导者版本

在教学时我们会讲，有些公司在某些方面表现欠佳，是为了在其他方面做到最好。每每听到这里，大家的问题都如出一辙：放在人身上，这条逻辑也行得通吗？我们的回答很简短：绝对行得通。第四章中晋升较快的男同事（他们在论文达到“完美”前就提交了）就是能够带着目的和战略做出职业化取舍的人。他们选择在审核开始时提交质量较差的稿件，以便加快修改速度，日后产出优异成果。也就是说，瑕疵是为伟大服务的。同时，那些每个阶段都追求完美的女同事，更有可能产出较少。

最成功的领导者会不断做出类似取舍，其日常工作可以被描述为“对事项优先级残酷排序”。这些领导者认为，自己只能做好部分事情。因此，他们选择做最重要的。33 岁时，帕蒂·阿扎雷洛成了惠普最年轻的总经理；35岁时，她经营着价值10亿美元的软件业务；38岁时，她担任首席执行官。阿扎雷洛回顾自己非凡的职业经历，结合身边卓有成效的领导者的模式，做出了如下评论："最成功的人是不会尽力做到每件事的。"用阿扎雷洛的话说，这些人因行使"残酷的优先权"而成功。然而，其他人能小有名气，只是因为"工作努力，而不是专攻要事或带来价值"[6]。

"敢于做得差"这种心态可能带来的回报，在一对一关系中最为具象。这里有个小练习：请在生活中挑一个人，并与之建立更牢固的人际关系。此人可以是你的老板、伴侣或亲人。你需要做出如下权衡：如果在对此人最重要的事情上，你做得超级棒，而在对其最不重要的事情上，你表现得平平无奇，甚至令人失望，会产生什么结果呢？你们的关系将如何变化？你的处事效率或心理状态又将如何？

让我们用一张属性图演示上述变化。基于挑选的对象，请你列出与其一同完成（或为其做出）的事情，并按照重要性排序。排序后，请你参照最佳表现（你能做到的最好程度），为目前的自己打分。范围是1~5分，1分最差，5分最佳。①

---

① 我们发现，大多数人不用收集数据就能开展练习。不过，与被挑选者来一场直接的对话，也未尝不可。你不妨询问类似的问题："我做的所有事中，哪些对你来说最重要？"这种对话作用强大，能为你的投入指引方向。此外，对话本身就很有意义。

大多数人得到的结果都如图 5–2 中的虚线所示。在图 5–2 中，对孩子来说，父母全身心的陪伴是最重要的。“全身心”指的是和孩子在家中共度时光时，你不该忙着接听电话；与孩子讨论绿巨人和超人谁更胜一筹时，你不该想着工作；陪孩子搭乐高积木时，你不该溜进洗手间偷偷查看电子邮件。（很明显，以上情节纯属假设，仅做教学使用。）

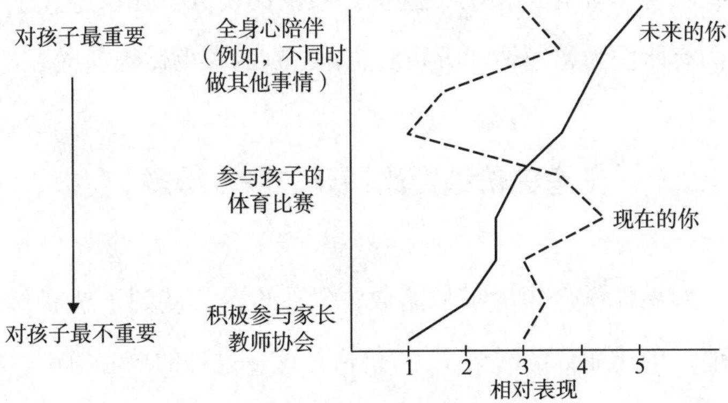

图5–2　属性图示例

在图 5–2 的假设中，对孩子来说，定期参加家长教师协会是最不重要的事。领悟到该问题后，你就能用“敢于做得差”来回答。你可以不参加家长教师协会的活动，把空出来的时间投入工作中，以及做到不把工作带回家。你还可以把空出的时间花在孩子的体育比赛上，这确实值得你抛头露面、积极参加。重申一遍此处的思路：在无关紧要的事情上要做得差，要彻头彻尾地差，以便在要紧的事情上出类拔萃。要做到这点，你得具备摒弃幻想的勇气和意愿，承认自己没有无限的能力。这样一来，你便能创造蓬勃发展的空间。

这就把话题带回了本书的任务。我们此处叙述的，是成就卓越领导所需的种种个人或职业取舍。在有关领导力的讨论中，有一点没获得多少关注，即坦率承认做个好领导要付出巨大精力。领导既要建立信任、维持水准、倾情奉献，还要释放更多元化的潜力，这都是艰巨的挑战。如果想在上述方面有所作为，还请你听我们的，在别的事上做得差些。

创造的价值要比捕获的多（得多）

如果你学会了凭借战略取舍创造价值，就到了捕获部分价值、创建业务的时候了。[7]价格是这一过程的核心机制，也是你与客户切分价值蛋糕的刀子。因此，你的下一个战略挑战是为你的战略性设计定价，它们具有"敢于做得差""多属性融合""集产品和服务于一身"的特点。为了简单起见，我们将把它称为你的"产品"。

如果能了解客户对产品的最高支付意愿，那么定价会更加有效。定价应介于成本与最高支付意愿之间，以吸引客户、发展业务。若定价高于最高支付意愿，哪怕只贵了一分钱，也会导致客户流失。若定价低于成本，即使只便宜一分钱，你也会亏本，从而威胁公司的生命线。① 有鉴于此，我们建议你构建如图 5–3 所示的连续体，并将定价决策可视化。[8] 任何高于定价、低于最高支付意愿的产品都能使客户受益，因此该范围被称作“客户满意区”。任何低于定价、高于成本的产品都能使公司受益，因此被称为“公司盈利区”（又名“首席财务官满意区”）。

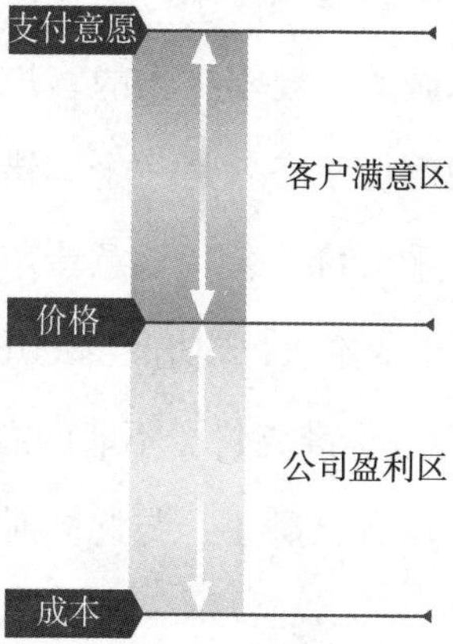

图5–3 战略价值范围

你该把定价划分在哪个区域？此问题常常引起激烈的辩论。通常来说，有人坚持定价要尽可能接近最高支付意愿，

---

① 当然，如果投资商认为其他目标（如增大）比盈利能力更重要，或随着时间的推移，成本会随着规模的扩大或实施其他结构性变革而下降，那么公司的生命线就可以延长。依我们看，盈利能力是衡量组织性能的指标，但这一作用通常被低估。此现象在初创公司中尤甚。

以实现利润最大化，维持公司的生存能力。接踵而来的是较为温和的声音，主张将价格定在最高支付意愿与成本的正中间。最后跳出来的是客户至上者。他们据理力争，慷慨激昂，划定更低的价格（一般高于成本，但不会高出太多）吸引客户，意在用销量补利润的缺口。

由于不存在普遍正确的答案，这种辩论往往很激烈。利润最大化的道理或许不言自明。不过，在价值范围内留出足够的空间，来取悦忠诚的、规模更大的客户群也是一条不错的门路。苹果公司的定价策略就是一个不错的例子。苹果用户的最高支付意愿近乎天价。公司故意让产品价格低于最高支付意愿（但仍远高于成本），成功催生了几近狂热的忠诚顾客。[9]虽然买家按照行业标准支付了不菲的溢价，但离开零售店时，几乎人人都觉得自己赚了。与此同时，苹果的利润也在激增。

我们的实际建议是，效仿苹果，瞄准战略价值范围图的中间区域，哪怕你目前争夺的市场对价格并不特别敏感。持久的利益关系造就优质的产品。在这段关系中，公司与客户相伴而行，因此都能收获越来越多的回报。把价值留给客户，就相当于为其贡献支付报酬。虽然听上去不合常理，但信任、爱和归属感都融入了交易的关键过程里。

我们非常欣赏一条领导准则：创造的价值要比捕获的多。上述理念就是这条准则的核心。过去的几十年间，传奇企业家、开源先驱蒂姆·奥莱利坚持用该准则考验科技公司。[10]我们也认为，所有组织建立者和领导者都需要明确这一原则。

也就是说，价格不仅是以避免亏损为导向、由你和战略团队一同做出的技术决策，还是"为客户效劳"的代名词。你和客户是站在一起的，你的定价应该体现这一关系。

从价值的角度看，领导者的责任是为他人创造价值。当然，你也想为自己捕获价值，但捕获价值不属于领导力的范畴，而是与追求生存、安全和创造财富有关。我们没有追溯产生上述追求的原因，事实上，这些追求都是必要的。不过，你得把创造和捕获区分开。作为领导，你创造价值；作为个体，你捕获所创造的部分价值。有鉴于此，我们对奥莱利的话做出了如下完善：走远点，创造的价值要比捕获的多得多。

走近供应商

供应商位于战略价值范围图的另一端。供应商指提供劳动力、原材料和办公空间的人或组织。你用供应商提供的糖和鸡蛋做成价值蛋糕，并在一番深思熟虑后切分蛋糕，与客户共享。当然，蛋糕的大小与你付给供应商的酬劳成反比。你付出的酬劳越少，可分配的蛋糕越大，反之亦然。

那么，你应该付多少钱呢？只有把握客户的最高支付意愿，定价才最有效。同理，只有了解供应商的销售意愿，成本才能发挥最大作用。供应商销售意愿指供应商愿意出售其产品和服务的最低金额。如果你的开价低于供应商销售意愿，哪怕便宜一分钱，供应商也会走掉。供应商销售意愿与你最终支付的费用（即成本）之间的部分称为供应商盈余。我们将“供应商盈余区”加入图 5-4 中。这一壮观的框架叫作“价值条”。

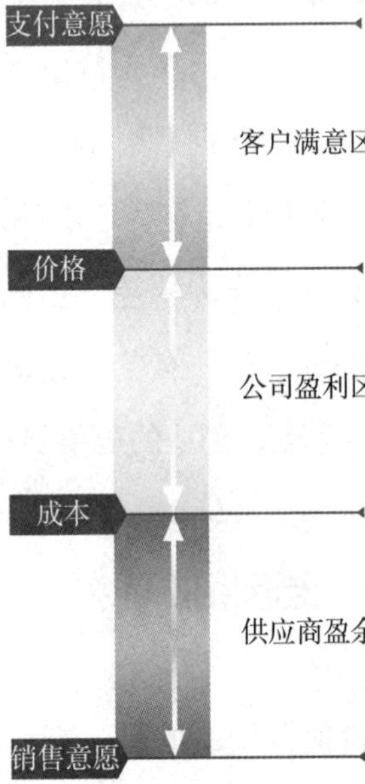

图5-4　战略价值条

资料来源：Adam M. Brandenburger and Harborne W. Stuart，“Value-based Business Strategy,” *Journal of Economics & Management Strategy* 5（March 1996）：5–24。

前面提到，成本越低，你与客户可分配的价值就越高。那么，能否在不低于供应商销售意愿底线的前提下减少供应商盈余，尽可能降低成本呢？大型零售商和汽车巨头采用了这一做法，因而臭名昭著。还有不少人说得头头是道，认为操纵市场是你的正当权利。

但是，我们不建议你榨干供应商，原因很简单：如果失去了愉悦、富足的供应商，你很难维持公司的良性发展。通常来说，如果供应商没有得到回报，它们不会干等着，也不会再为你出力。因此，与为客户保留价值一样，保护供应商盈余也具有战略意义。

我们发现，太多企业低估了取悦供应商能带来的回报。但也有公司没犯这种错误，比如鞋类电商网站美捷步（Zappos）。在供应商方面，美捷步公然违抗行业规则，奉行服务至上理念。美捷步首席执行官谢家华十分清楚投资对营造良性供应商关系的重要性：若供应商既不能蓬勃发展，又不能获得利润，就会做出如减少服务、停止创新等对你不利的选择。与美捷步合作时，供应商能够蓬勃发展。谢家华估计，此类发展带来的利益是“无穷无尽”的。[11]

美捷步言出必行，用心经营与供应商的关系。若供应商打来电话，美捷步会在几小时内予以回复。若有供应商来拉斯维加斯参观美捷步总部，会有专门的员工负责接机。到公司后，供应商会享受皇室般的待遇。每年，美捷步都会包下位于拉斯维加斯大道的某家俱乐部，举办盛大的供应商感恩派对。美捷步甚至对供应商开放公司绩效数据，此举有利于供应商完善经营方式，更好地与美捷步合作。提及价格协商，谢家华认为，供应商盈余是一种策略性投入：“美捷步从不与供应商对着干。我们相互合作，共同决定要承担的风险，敲定业务增长速度。”[12]

此逻辑适用于所有供应商，包括劳动力供应商在内。对大多数公司而言，劳动力供应商就是员工。因此，与上文讨论过的种种决策一样，人力资源决策也具有战略意义。① 由此引出一个重要问题：若要实现稳定且优质的劳动力供应，你应当付出什么？

你付给员工的工资必须能让其维持生活，这是底线，我们不再赘述。另外，以下案例能够强有力地支撑上述观点。麻省理工学院教授泽伊内普·托恩开展了一项名为“理想工作”的研究，取得了突破性进展。结果表明，如果工资可观、工作体面，即便在低成本、低利润的商业模式中，员工的绩效表现也会很出色。[13]

人们原以为，打廉价牌的公司或许没多少本钱付给员工较高的薪酬。托恩的研究打破了该假设。托恩的典型研究案例是 QuikTrip，这是一家发家于美国俄克拉何马州的连锁便利店。如今，QuikTrip 市值已达 110 亿美元，在美国 11 个

① 顺带一提，你的客户可能也是劳动力，这会让实际情况更加复杂。举个例子，假设你从宜家购买了置物架，你就是宜家的客户。当你带着测试亲密关系的目的与亲人组装它时，你就是在完成制造商品的最后一步。大多数公司中，这一步是由专业人员完成的。

州开了 800 多家分店。公司付给低技能员工中等市场水平的工资；对他们进行交叉培训，以胜任不同的工作；赋予他们自主做出重要决策的权利。[14] 这些投资造就了更高的参与度、生产率和留存率，进而降低了其他方面的运营成本。托恩发现，这些投资还能增加销售额，提升客户满意度。最终研究结果是，对 QuikTrip 这类公司来说，高人力成本是繁荣发展的有利动因，而非限制条件。

它们没有视员工为不可靠的、可更换的单位成本，而是毫无保留地把资金投在这些一线力量身上。此举不仅能降低运营成本，还能通过支付较高工资使员工获利，培育企业文化，提升归属感。顺带一提，优秀文化的好处之一是，能够降低员工的销售意愿，从而增加价值盈余。① 根据托恩的观点，上述做法还能大大提高员工满意度，有助于公司吸引和留存市场上的最优人才，进而释放人才潜能，促进企业向好发展。[15] 某天上午，我们和托恩一起在查尔斯河畔散步（鉴于托恩的研究引发了全球性轰动，我们只能在这里“逮到”她）。托恩说：“这些公司提供的不仅是理想的工作，而且是伟大的工作。这些工作就是公司的制胜之道。”

---

① 这听上去有些不合常理，因此，我们举个简单的例子进行说明。哈佛商学院给弗朗西丝开出的薪酬比她原先任职的学校低，但她欣然接受。因为在哈佛，她能获得许多非经济报酬，比如杰出的同事、优秀的学生，还有活跃的课堂气氛。虽然工资减少了，但保守估计，其愉悦度提升了 3 倍。

托恩的研究对某些假设构成了挑衅。这些假设根植于当今许多商业模式中（包括所谓“零工经济”）。标准的零工经济凭借闪电般的服务速度和极大的便利性造就了低得离谱的价格，以满足人们的基本需求（如提供食品、交通服务或你刚刚用光的垃圾袋），从而创造了巨大的顾客满意度。由于很多这种服务都不区别于市场，价格低廉就成了主要的竞争因素，令消费者满意度进一步上升。

只要劳动力供应商（即提供面向客户的最终服务的承包商）能够实现可观盈利，零工经济就能奏效。[16] 不少公司都在奋力实现零工经济，跑腿兔却已在许多业务上开创了零工经济模式，相当鼓舞人心。就算是零工经济公司，也能够创建共赢商业模式，让客户、公司甚至是供应商皆大欢喜。这就是跑腿兔的发展经验之一。

跑腿兔的战略转型

斯泰西·布朗－菲尔波特觉得，她心中有种想接触新事物的冲动（她在第一章出现过，你还记得吗）。于是，布朗－菲尔波特从谷歌跳槽，去了跑腿兔。她起初担任跑腿兔的首席运营官，目前是首席执行官。为组织赋能的机会让她心驰神往：“我怎样才能帮助团体中的人完成靠他们自己无法完成的事呢？”[17] 在跑腿兔，布朗－菲尔波特见识了突破性的商业模式。该模式证明，完全有可能建立一种企业，将消费者与自由职业者连接起来。然而，布朗－菲尔波特看到了这种模式的缺陷，她认为自己能够填补。她在谷歌攻克增长难关将近10年，积累了丰富的经验，能够胜任这一角色。

跑腿兔成立于2008年。公司的业务是将能够帮忙的人（称为“跑腿者”）和需要帮忙的人联系起来，为满足日常供需创造空间。跑腿业务涵盖家政服务、帮人跑腿和组装家具等，种类多样。而组装家具，是公司最常收到的请求之一。若没有精力或没有能力去完成某些工作，客户可以将其外包给跑腿兔。同时，偏爱弹性工作的跑腿者依照喜好接单，从而赚得工资。

最初，跑腿兔采用一种类似竞拍的系统来配对任务和跑腿者。客户发布任务，跑腿者竞相开价，争取任务。该系统能为客户生成一份可靠的报价单，以便客户基于价格和实用性选择跑腿者。从战略的角度看，跑腿兔的拍卖系统通过减少供应商盈余（此处的供应商是跑腿者），为价值条顶端的客户创造了价值。奇迹总是出现在跑腿者技能图的高处，那里的跑腿者具备专业技能，因而能获得可观的报酬。然而，也有许多跑腿者没有一技之长，只好竞相降低报价，以尽可能低的价格出卖劳动力（见图5–5）。

此外，跑腿者还得花费大把时间用于筛选，找到他们心仪的、尚未完成的任务。他们每周耗费在搜索上的时间平均是两小时。因此，耗时长和工作苦，成了拍卖系统施加给跑腿者的额外负担。2013 年，跑腿兔的客户和跑腿者数量达到了顶峰。这一头条新闻下却藏着坏消息：跑腿任务的完成率只有 50%。也就是说，每两个客户中，就有一个找不到愿意接单的跑腿者。[18]

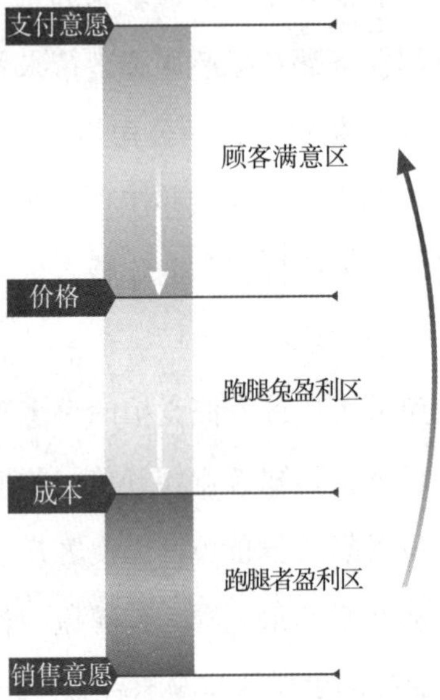

图5-5　跑腿兔价值条（改进前）

为了解决问题，布朗 - 菲尔波特从价值条底部入手，探寻扩大并保护供应商盈余的方法。跑腿兔开发了新的平台模型。其中，跑腿者有权设置时薪，并且时薪不得低于市场最低工资。除了自由制定工作时间表之外，跑腿者还能写明想做的工作。此外，使用新网站时，跑腿者不用再耗费好几个小时把自己的技能和兴趣与市场需求匹配起来了——现在这项工作由跑腿兔替他们做了。

新平台使跑腿者获得了更多可靠的盈余，但也意味着客户要开出更高的平均价格。布朗－菲尔波特明白，在提高完成率方面，公司还有很长一段路要走。因为完成率高，市场对较高价格的接受度才高。为了保持（甚至增加）老客户的满意度，跑腿兔也在用户体验上下了功夫。公司简化了跑腿者聘用流程，使客户能更快、更容易地匹配跑腿者。多亏了上述改革，客户只需访问网站一次，便能找到合适的跑腿者。这使客户的最高支付意愿得到了提高（见图 5–6）。

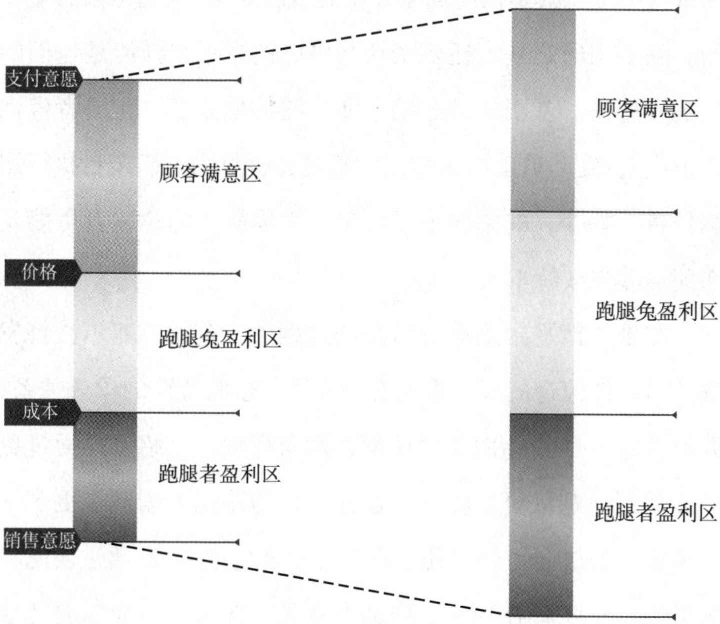

图5–6　跑腿兔价值条（改进后）

跑腿兔在英国伦敦进行了新平台的首次测试，取得了巨大成功。此前，跑腿兔尚未开拓伦敦市场。这意味着公司不必重新培训利益相关者，教他们使用新系统。比起其他市场，伦敦市场的用户增长速度要快三倍，客户开价也翻了一番。[19]另外，在伦敦，回头客数量更多，客户整体满意度和用户情绪也更好。最重要的是，伦敦市场的任务完成率高达 90%。[20]

当跑腿兔着手将新平台推广到已有的网站时，遭到了部分跑腿者的强烈抵制。他们担心自己的收入会降低。布朗－菲尔波特克服了这一阻碍，也学会了难得的教训：管理变革的过程中（尤其是供应商生计受到威胁时），沟通是极其重要的。除了沟通之外，还要密切与供应商联系，弄清楚他们的想法和感受。基于此，布朗－菲尔波特成立了“跑腿者咨询委员会”，发动员工按需聘用跑腿者，也鼓励他们亲自执行跑腿任务。如今，如果你下了订单，为你服务的跑腿者可能是布朗－菲尔波特本人。

在推广新平台到所有市场的过程中，布朗－菲尔波特发现了另一件惊奇的事：跑腿者一改“你争我抢”的单一关系，开始互帮互助。他们开设课程，发布视频，介绍怎样通过更专业的服务赚取更多收入。这些举措为跑腿者创造了更多学习和成长的机会（公司几乎没有付出任何成本）。通过彼此释放潜力，跑腿者找到了工作的新意义。在布朗－菲尔波特缺席的情况下，领导力飞轮正快速旋转。

挑战战略成规

在本节，基于价值的战略变得更加有趣。公司制定战略，是为了在不缩小其他楔块①的同时，扩大产品价值链上的楔块，比如客户满意度、公司盈利和供应商盈余。楔块形象地展现了扩张和收缩的机会，因此，我们选择用该词称呼价值条的各要素。缩小一个楔块来扩大另一个楔块相对来说比较容易。有线电视公司就是这么干的。它们抬高了价格，也抬高了客户的怒气值，却没能抬高最高支付意愿。[21]因此，要制定伟大的战略，你得比有线电视公司努力，想办法扩大每个楔块。

要达到此目标，你可以提高客户的最高支付意愿，这是一种传统做法，也是一项挑战，自从市场诞生以来，就一直困扰着战略家。每当你完善产品，使其更酷、更易用、更有趣、更方便时，都是在给客户施加压力，提高其最高支付意愿。你不仅可以抬高价格、享受更高利润，还可以优化客户体验、增加满意度。

提升最高支付意愿的其他途径，还包括品牌推广和讲好品牌故事。要做到这两点，你得找到（或设计出）绝妙的补

---

① 楔块是一种上粗下锐的形状，切分成块的蛋糕即为楔形。——译者注

充产品（补充产品之于主打产品，如同番茄酱之于热狗），还得最大限度地利用网络效应（即“用户越多，价值越多”）。关于如何推广和讲好品牌故事的点子能填满全部书籍，摆满所有“最高支付意愿图书馆”。但我们的目的，不在于为此类书目添加内容，而在于使你明白，战略是领导者身份的延伸。有些时候，战略的语言听上去有些不近人情，但凭借力量、价值条和楔块，战略能将人情味嵌入公司的行为中。凭借战略，你能为组织中的任何人赋能，不论他们身在何处，也不论你能否亲临这些地方。

丰田就是这么做的。丰田没有同供应商竞争，而是与供应商建立了合作关系。汽车行业一向“虐待”原厂委托制造商。丰田打破了这一惯例，给予供应商优待。[22]这笔账算起来很简单且一目了然：供应商效率提高了，丰田的成本就会降低。因此，丰田对供应商开放了久负盛名的“丰田生产系统”，允许供应商从中汲取智慧。供应商学到了降低运营成本的方法，出售给丰田的零部件价格也越来越便宜。上述卓越的学习关系具有普遍性。供应商不仅能在与丰田的合作中扩大盈余，还能从其他客户那里获利。

同样，请你用这种思路经营与所有利益相关者的关系。你在探索如何降低内部成本，从而延长价值条的中间部分时，也应格外注意员工的薪酬问题。虽然提高薪酬可能会符合你的最佳战略利益，但是你不一定要这么干（你可以从托恩的研究中得到启发）。请记住，若要提高员工满意度，除了加薪外，你还可以给予他们更大的灵活性、更广泛的自主权，以及更多提升技能、学习知识的机会。你还可以设法把“使命”和“意义”置于员工体验的中心。无数研究证明，对许多人来说，此二者与薪水多少同样重要。[23]

我们讲的例子幽默风趣，说明性强。这一则则寓言般的事例挑战了广为流传的假设：你要想带着公司赢，就必须得让别人输。我们认为，你能使客户、股东、员工和供应商的利益保持一致。如果你用全面且长远的眼光看待组织，上述目标便格外有可能实现。在下文中，你将有机会检验这一想法，并为自己的组织探索赋能的战略。阅读下一章前，你首先要明确，下级做出决策时，你基本上都不在场，因此，在你缺席的情况下，你该如何设计战略来领导他们？这种战略又将如何反映你的领导身份？

找到你的楔块

根据我们的经验，伟大的战略首先是乐观的，并且具有创造性和创新性。能制定正确战略的领导者，都不认同以下观点：客户或员工若要有所得，公司必须有所失。这些领导者不会视供应商为竞争对手，也不会为了资源蛋糕上固定的某一块而把供应商搜刮得干干净净。相反，这些世界一流的战略家努力延伸价值条，意在让每个人都受益。

我们发现，有一项简单的练习能激发你和组织对上述战略的思考。在小型和大型团队中，该练习均收效不错（我们曾同时让数百人进行练习，只用一次就取得了成功）。另外，它还回答了一个长期存在的问题：如何在“场外”制订下一个战略计划？如果你也惧怕这个问题，就进行练习吧。

与 2~4 名同事坐在一起，完成如下事情：

1. 讲述公司中关于“楔块”的故事。请你回顾公司的历史，用价值条框架描述“战略演变史”的主要情节，并注意以下问题：哪个“楔块”为公司最初的战略打下了基础？随着时间的推移，该策略是如何发展的？发展过程中，哪些利益相关者有所得，哪些有所失？现在你优先考虑的是哪个楔块？谁来承担发展这一楔块的责任？
2. 提出一个新想法，不缩小其他楔块，并至少扩大一个楔块。你需要为新想法创造空间。因此，请将自己推向有待开发的思路，留意可能出现的新楔块。下列问题能激发你的创造性：如果可能的话，怎样做可以不增加太多成本就能使客户满意？怎样帮助供应商，使它们花更少时间或资金为你提供优质服务？如果你付给员工更多的薪水，能起到降低其他业务成本的效果吗？如果排除“加薪”，还有其他提高员工满意度的方法吗？

3. 提出最佳想法，鼓励反对意见。如果你将自己的最佳想法和论点带到了喜欢的地方，也请你把它们展示给所有团队成员。请用价值条描述你的取舍和可能产生的收益。请你描述哪些楔块会受到影响，哪些会保持不变。请你收集反馈，利用反馈打磨思路，使其更加清晰。

4. 从练习中得出并试用至少一个想法。请你向同事发送强烈信号，表明“即刻开始”的意愿。请迅速执行出自练习的一到两个最佳想法，在此过程中，奖励具有创新思维的员工。试用这些想法，并构建框架、落实机制，以便快速从结果中汲取经验。

把话说清楚

在此，我们要对《创智赢家》（*Shark Tank*）节目真诚告白：我们爱它。我们爱其中巨大的创业活力和可能性，它们是节目的制作动力，也令我们的生活多姿多彩。我们爱节目中的“鲨鱼”[1]。初创公司竞相向嘉宾们推销自己，他们干劲十

① “鲨鱼”是《创智赢家》节目中对富有的投资人的称呼。——译者注

足，很像制造卷发适用产品的非裔美国夫妇，也很像改良啤酒杯托的白种人。《创智赢家》节目颇具戏剧效果，把理想中的世界搬上了荧屏。不论发明者身份如何，所有奇思妙想都能凭借优点相互比拼，吸引资金和关注。（我们要给日后参加《创智赢家》的人提些建议：请你合理评估将"鲨鱼"引入团队的潜在优势，"鲨鱼"的资金比其他人的更值钱。）

我们也爱每一期节目魔法般的教育意义。本章中探讨的绝大多数概念，都能在《创智赢家》中找到影子。亚伦·克劳斯发明了"海绵爸爸"笑脸清洁擦。清洁擦由一种"机灵"的海绵制成，在热水中膨胀变软，在冷水中缩小变硬。克劳斯没投入太多成本，就使客户的最高支付意愿超过了传统海绵。当"鲨鱼"之一——Drybar（可以一边喝酒一边做造型的美发沙龙）的创始人埃利·韦布拒绝了CurlMix（卷发护理产品制造商）的投资邀请时，我们看到了经常伴随着公司合作关系紧张而出现的无奈之情。韦布很欣赏CurlMix的创业者和商业模式，但Drybar做的是拉直头发的生意，并不为卷发做靓丽造型，而后者正是CurlMix的价值定位。

有一条战略能使发明者屡次吸引嘉宾的关注，即用每个人都能听懂的语言快速表明想法、说服听众。发明者要让可能对其行业所知甚少的"鲨鱼"理解自己的计划，也要让待在家里的观众搞明白。如果发明者无法用简单的语言描述制胜之道，那么参加节目就毫无意义了。

我们认为，在现实的领导世界中，这一条道理依旧适用。简言之，如果组织中的成员不能吃透你的战略，无法基于该战略自主做出决策，那么本章讨论的内容便毫无意义。我们在本章开头写道，如果摆脱了沟通上的限制，战略便能够引导员工自由决策。因此，我们就来谈谈如何沟通。

你的目标是深入理解战略，以便简单描述。如果你能掌握战略，却只会用复杂或专业的语言加以描述，你就只能与组织中能够理解这些术语的小部分人进行沟通。如果你对战略的了解仅浮于表面，它就无法在瞬息万变的“荒野”中生存，放弃战略的压力总是存在于这种环境中。你的员工会不断偏离战略，他们通常具有极其正当的理由（比如，偏离战略是为了响应客户的请求）。简言之，战略犹如北极星，指引人们坚持战斗。

请你选择想运用的沟通方式，一定要发挥自己的长处。举个例子。亚马逊首席执行官杰夫·贝佐斯每年都会给股东写一封长信，并在信中巩固公司的战略基础。尽管“收信人”一栏只写了股东的名字，但信明显是写给公司运行轨道上每一位利益相关者的。贝佐斯是个好作家，思路清晰，擅长说服。这些一年一度的信件也是“深度或简单沟通”的绝佳例子。

在 2017 年的致股东信中，贝佐斯提醒道，公司内部禁用幻灯片，鼓励使用长达 6 页的双面备忘录。亚马逊高管在备忘录上起草新想法，并互相“推销”。为了尽量减少政治色彩，备忘录由高管合作撰写，并匿名传播。亚马逊开战略会议时，每位与会者首先要逐字阅读“6 页纸”，随后交流想法。有一位前职员回忆道：“这是我参加过的最高效、最激动人心的会议，除了亚马逊，我从没在别的公司体验过。”[24] 你还记得自己上次用“高效”和“激动人心”来形容会议是什么时候吗？

贝佐斯称，“6 页纸”是自己做过最明智的事情，因为遣词造句是一种训练，促使更深层次的思考。[25] 在我们看来，写作是人类发明的最佳工具，我们既能用它影响他人，也能整理自己的思想。[26] 因此，若你想制定更好的战略，最好趁早写下来并常常记笔记。请从准备一张白纸入手，并留出实实在在的、用于写作的空间和时间（不仅是几个小时，而是几天）来培育你的想法。请将作品分享给同事，以完善逻辑。分享还有一个好处：即使你不在场，也能影响同事的选择。[参见文本框“老派战略沟通工具（书籍）的颂歌”。]

老派战略沟通工具（书籍）的颂歌

在工作中，我们遇到了许多卓越的战略沟通者，北欧航空首席执行官詹·卡尔森便是其中之一。20 世纪 80 年代，卡尔森曾使北欧航空起死回生。卡尔森的著作《关键时刻》是献给全球战略家的礼物。在书中，卡尔森详细地记录了北欧航空的振作历程。[27]我们摘选了该书部分内容作为哈佛商学院的授课材料，意在让学生理解，在一个两万人的庞大组织中，若要一天天改变下属的行为，领导者该做些什么。

卡尔森深入思考了战略沟通的作用（尤其是在赋能型领导方面）："领导者必须与无数承担责任的决策者沟通，只有真正理解公司的战略，决策者才能把它应用到具体情况中。因此，领导者不能再像以前一样只负责传达信息，而要确保员工能充分了解并吸收信息。"[28]怀着此种目的，卡尔森为北欧航空写了一本小册子，红色封皮，题为《为了目标奋斗吧》。后来，员工们把它叫作"小红书"。这本小漫画书图文并茂，字数不多，字号挺大。书中用一架卡通飞机解释公司的战略转向：以取悦商务旅客为基础，面向市场。"小红书"的故事情节分为三部分：对过去的赞扬，对变革的阐释，对未来的展望。据我们所知，这种三段式结构次次奏效，令不少公司转危为安。

卡尔森称，曾有人对"小红书"持怀疑态度，认为北欧航空的员工都是受过高等教育的知识分子，不会接受太过简单的沟通工具。实际情况恰恰相反。"小红书"被各级员工广为接受，进一步验证了卡尔森的观点，即"过于简单是不存在的"。"小红书"问世 3 年后，北欧航空走出低谷，收入涨了5倍，利润率在行业领先，客户满意度迅速提高，尤其受商务旅客的青睐。

我们已与世界各地的高管团队合作，编写他们自己的“小红书”。零售业、卫生保健、能源行业……“小红书”已对不少行业产生了直接影响。（多年来，有跨国公司一直深陷战略泥潭。我们协助高管编写“小红书”，使公司终于打破了僵局。）若你在试着编写“小红书”，建议你只把初稿分为三篇：“美好的往日”“变革的今日”“乐观的明日”。书中的语言和插图要易于理解，能让对行业略知一二的人（比如家里的亲人）看懂。你可以多写几份草稿，等故事能衔接起来时，再往其中添加内容。

你若是觉得，在数字化沟通时代书本和纸张没什么分量，我们就得举出玛格丽特·扎巴尔·马里斯卡尔的例子。马里斯卡尔年仅而立，高瞻远瞩，是Momofuku餐厅的首席执行官。当公司员工规模达到1 000人时，马里斯卡尔创建了设计精美的“口袋指南”。这种规模之下，她不能再直接向员工传授Momofuku的与众不同之道。[29] 为了实现缺席领导，马里斯卡尔把陈旧的书本变成了强大的新工具，可谓“旧瓶装新酒”。

当然了，文字和图片不是领导者与员工沟通的唯一方式。你的亲身行动比任何办法都响亮。因此，建议你用好“人体扩音器”，有战略地以身作则。赫布·凯莱赫拒绝转运行李的新闻飞速传播至西南航空的每个登机台，速度比所有备忘录都快，是在提醒员工遵守行李转运规则。斯泰西·布朗-菲尔波特不声不响地加入“跑腿者”的行列，是在提醒所有员工，前线业务关乎公司成败。

日本乐天公司总部位于东京，是电子商务行业巨头。该公司首席执行官三木谷浩史将乐天的通用语言改为英语，从而改变了这家公司。三木谷浩史深信，要实现全球化，采用“世界商务语言”是重中之重。因此，三木谷浩史调动了自己作为首席执行官的全部力量，发起“英语化”运动，意在大规模改变员工的行为。我们的同事泽达尔·尼利写了一本书，书中记载了“英语化”运动，引人入胜。[30]三木谷浩史推行了一套奖惩机制（若有人拒绝使用英语，会被降级），用最快的速度，使每位员工都能用英语交流。不过，亲自在办公场所停止使用日语，或许是三木谷浩史做出的影响力最大的决定。哪怕同他交谈的只有一个人，哪怕这个人与他共事了数十年，他也不会同对方讲日语。三木谷浩史把乐天的未来押在了英语上，十分清晰地向员工传达了公司的战略。尼利评价道：“三木谷浩史有足够的决心和勇气能预见并模拟每次沟通中的变化。”

“皇帝”的衣装

据我们观察，最高效的战略型领导者往往与三木谷浩史相同，公司战略深深地刻在他们心中，体现在最基本的选择上。先锋领航集团某位前首席执行官曾拜访过弗朗西丝，弗朗西丝与他在办公室会面。他身穿破旧的西装，脚上是一双明显换过好几次底的鞋子。他是从先锋领航集团总部来的，转了几次飞机，先坐机场大巴，又换乘地铁，一路舟车劳顿。先锋领航集团的战略目标，是成为金融服务领域成本最低的玩家。为此，集团采用了独特的客户持股结构，并推崇效率至上的企业文化。弗朗西丝直白地问他：“你的衣着举止仅仅是为了给员工做样子吗？还是说，你生活中真的很简朴？”他的回答比较诚恳：“两者都有。”作为领导，你面临着如下挑战：你的言行就像广播，无论喜欢与否，都无法将其关闭。因此，你到底是在做真实的自己，还是在做样子？答案始终是：“两者都有。”

我们很喜欢与先锋领航高管的这次交流。这次交流提醒我们，战略型领导者看上去（字面意义上的“看”）应当十分坚定，坚定到使战略影响到衣着的地步。先锋领航集团的例子，也体现了领导利用任何必要手段为组织赋能，最大限度地发挥战略利益的做法。如果要穿磨损的鞋子、说一门新语言或画一架卡通飞机才能改变下属的工作方式，那就这么办吧。最好的战略家也只能做到这样了。

就算是最好的战略家，也得改变计划。大多数战略都有期限，随着条件的改变，你的良好意愿也会惨遭现实的殴打。竞争对手改良产品的瞬间，你的属性图就过时了。一旦供应商有所创新，或客户变更购买标准，你的战略价值条的边界就会波动。许多公司习惯每年修改一次战略，但若要与最重要的利益相关者的行为变化相适应，365 天实在很长。

如果你想在缺席时发挥领导作用，请制定正确的战略，传达至每位员工，并尽早、尽可能频繁地重新评估。不过，如果你想把缺席领导的影响发挥到极致，请拉动另一个强大的操纵杆：文化。要让文化为你服务，而不是与你作对。这就是下一章的重点。

思考题

√ 怎么使同事或直接下属（你想领导的人）明白如何自由决策？你的同事或直接下属在多大程度上依赖于管理者的指挥？

√ 你能用简单且非专业的语言描述组织战略吗？你周围的人能吗？

√ 你的员工如何理解组织战略？你能想出强化理解的新方法吗？

√ 你能想出办法，让组织有所得，同时不让客户、供应商或员工有所失吗？如何创造更多价值，并让公司和主要利益相关者都能享受价值？

第六章

文　化

用于领导组织的操纵杆主要有两个：一个是战略，另一个是文化。后者的声音比前者更洪亮。若传达得不够清楚，战略会令庞大的团队困惑。但战略的空缺一准能被文化填补。领导者离开后，制定规则的便是文化。文化会阐明如何实实在在地办成事情。

文化告诉人们在会议中该做些什么。文化告诉人们，谁能自然而然地占据空间，谁要通过努力获得空间。文化告诉人们，是要守规则，还是要走捷径；是要分享信息，还是将其私藏；是要铤而走险、做出改善，还是只需适应现状。更重要的是，文化能回答以下问题：是追求增长还是追求完美？是立即行动还是再分析看看？是直来直去还是留些脸面？战略只能给予提示，文化则能明确地告诉你答案。

文化的指导作用，能扩散至组织最偏远的角落，到达你永远不会去的地方，传达给永远不会见的人。迈克尔·巴斯克是美国联邦快递的创始人之一。巴斯克总是喜欢谈起联邦快递的获救经历。[1] 1973 年，联邦快递濒临破产、岌岌可危，各方面的发展都相当缓慢。为了挽救局面，联邦快递之父、元老级首席执行官弗雷德·史密斯竭尽全力，甚至孤注一掷，带着所有身家去拉斯维加斯赌博（他竟然为公司赢得了一些时间）。史密斯已经走投无路了。

就在联邦快递生死攸关之际，有一位客户流着泪拨通了公司的电话。距离这位客户的婚礼开始不到 24 小时了，可她还没有收到婚纱。有一位叫黛安娜的一线员工立即行动，追踪到包裹，租了一架小型塞斯纳飞机，把婚纱送到了客户手中。黛安娜做这件事时没征得公司里任何人的许可，因而没浪费宝贵的时间。（我们曾试图求证黛安娜的全名，但未果。）在婚礼上，该举动引发较大轰动。一些出席婚礼的尊贵来宾也注意到了联邦快递。在接下来的一周，这些客人决定赌一把，使用资历较浅、岌岌可危的联邦快递邮寄他们的部分产品。公司的客户需求也因此从每天 3 个包裹涨到 30 个。这足以救公司的命。

成立初期，联邦快递的战略很简单，即迅速且准确地寄送急件。除此之外，史密斯团队还建立了浓厚的“紫色血液”文化。该文化以“使命必达”的精神为标志，对员工的外在特征（种族、性别和职位等）一视同仁。人人都重要，人人都有能力、有义务做出意义非凡的贡献。联邦快递能起死回生，不在于拥有魅力十足的领导者，也不在于具备明确的战略，而在于黛安娜大胆的决策。领导者和战略为黛安娜指出了“快速交付包裹”这条终点线。但是，释放了黛安娜的潜能，让她全力以赴的，是文化。

什么是文化？

人们若意识到自己的文化需要改变，文化就成了一件“要事”。在组织的生命周期中，“改变”的意识通常来得比该来的时间晚。因此，缩短这一时间线是本节的任务之一。出于教学目的，我们做一个简单假设，假设你已经知道，你所在组织的文化有某些方面需要改变。

请首先思考如下问题：如果你能任意改变文化的内容，你会改变什么？你的“改变清单”上，是否列了不止一件事？请你花几分钟考虑，并写下答案。我们之所以一开始就提出问题，是因为反思本身就具有赋能的作用。有时候，在大多数人（甚至是最高级的领导者）看来，自己不得不忍受文化，改变文化不在能力范围内。他们错得不能更离谱了。

若要发现改变文化的可能性，你首先要知道著名的“组织文化结构层次”框架。该框架由麻省理工学院前教授埃德加·沙因提出，他将组织文化大致分为三层：人工饰物层、行为层和基本假设层。[2] 沙因认为，若要让人们依照你的意愿稳妥行事（即便是你不在场的时候），首先要让人们依照你的意愿稳妥思考。这一观点令人信服。

美国捷蓝航空之父、前首席执行官戴维·尼尔曼的事迹广为人知。捷蓝航空创立初期，尼尔曼每月都会作为机组成员飞行一次。[3]他戴着围裙，端着咖啡，穿梭于过道间，并友善地介绍自己："你好，我是戴维。"尼尔曼的每次飞行都能为组织"充电"，并强化公司的基本假设。假设之一是，在捷蓝航空，无论是谁，无论是什么级别，都得为乘客服务。不过，尼尔曼提出的假设中最重要的当数"客户是人"，这一想法在当时有些激进。而捷蓝航空的使命是，"让人性回归航空之旅"。尼尔曼打出的"人性牌"令人警醒，在捷蓝航空，没有人会坐在下等舱。这就是捷蓝航空稳妥办事的方式。

除了"要事"之外，文化还可以被描述为"人们的集体认同"，认同什么是真理、重点或危机，认同什么值得庆祝、自豪或羞耻。文化甚至能决定很基本的方面，比如什么算有趣。因为幽默不是普遍真理，它只能被特定文化认同。举个例子，拳头游戏公司成立初期，游戏开发者中年轻的男性占绝大部分，员工群体趋于同质化。那时，偶尔开一个肢体玩笑还蛮有趣的，无关痛痒。后来，更大量、更多元的员工加入了团队，这些玩笑便不再有趣，更不再无伤大雅。这就是拳头游戏公司面临的文化挑战。（参见文本框"不宜再开玩笑的 10 个迹象"。）

不宜再开玩笑的10个迹象

在许多组织中，幽默仍是导致文化混乱的根源之一。鉴于此，本节具有很强的指导性。对人类来说，单是要在这个荒谬的世界上生存，欢笑就已必不可少，更不用说还得天天上班了。然而，在领导位置上运用幽默，难度堪比高校联赛。我们的建议是，除非你有十足的把握，否则不要离开替补席而加入赛场。如果你的情况符合下列10个迹象，那么你或许没做好参赛准备：

1. 你最近说过："我只是在开玩笑！"在职场中，若某个笑话确实好笑，玩笑者的好意便不会模棱两可。但假如你总说"我只是在开玩笑"（或类似的话），那么你很可能已经越界。大多数情况下，比起解释笑话，"对不起"才是你应该说的话。
2. 你开玩笑前，得先看看听众的脸色。假如搞笑之前，你会环顾四周，那么不论笑话是否成功，它都不值得你去讲。不如把它留给密友或家人，熟人总是对你宽容。尽管面对他们，你或许会过于自信。
3. 听众发出的非语言信号不尽相同。听众不会羞于表达对笑话的反应，不过，你必须注意这些信号。听众的肢体语言是开放的，还是封闭的？他们是与你对视，还是看着别处？如果你无法自信地答出这些问题，那还是先暂停你的玩笑吧。

4. **笑话与身体有关。**有关身体的、相当明显的越轨行为正在被公共规范（比如方兴未艾的“身材自信运动”）纠正，但要做的还有很多。我们的建议很简单，即不对任何人的身体做出任何评价。就算你是异性恋男性，也不要评价另一位异性恋男性的衣服是否合适，更不要谈论人家的身高、体重、头发或健身情况。
5. **为了让所有人理解笑话，你得带头大笑。**笑话应当引人发笑。这才是幽默的意义。如果你必须经常博人眼球来引人发笑，这就不是一个好迹象。
6. **你过于依赖“Too soon”**[①]**（为时过早）。**坦白讲，我们也犯过这种错。若时机得当，出乎意料，“Too soon”便具备极佳的喜剧效果。不过，如果你把它当作口头禅，就是在把别人的痛点当笑点。
7. **你把恶作剧或捉弄人的把戏当玩笑。**我们就直说了：别在职场这么干。除非你从事喜剧行业，能力超凡，拥有自己的日间脱口秀节目，惹得超多观众开怀大笑，数十年如一日（就像哥伦比亚广播公司的《艾伦

① “Too soon”是一句俚语。若某人开了一个本不应该用来取乐的玩笑，通常会再跟一句“Too soon”以缓解尴尬。——译者注

秀》那样)。在职场中，人人都得抑制冲动，切勿突然从某盆植物后面跳出来，妄图逗笑同事。

8. 你的笑话本应在公司创立早期被扼杀。当组织规模较小、人员组成同质化程度较高时，大家或许都觉得某笑话有趣。但随着公司日渐成熟、多元，该笑话或许就不再合适。幽默，同其他组织文化元素一样，需要伴随公司的发展而发展。

9. 作为旁观者，你并不清白。如果你并不赞同某个评论，却常常随波逐流，跟着别人一起笑，说明你也不是什么老好人。我们要提示所有旁观者：不要给人留下“串通一气”的印象。要是做反对者令你过于不适，那就做退出者。对被取笑者来说，你什么也不做，就是在支持始作俑者。

10. 你的笑话往往以他人为代价。要成就笑话，就得有人做出牺牲，这看似不言而喻，其实不然。在职场，若使用得当，笑话不仅会激发喜悦、让关系融洽、增进彼此的了解，而且毫无害处。喜剧性的“活人祭”十分诱人，但既伤害个人，又损害文化。此外，你还在传达这样的信号：在公司中，员工的底线和幸福感可以被随意侵犯。

沙因曾说：“对领导而言，创造和管理文化是唯一真正重要的事。”[4]除了对“唯一”存疑，我们很难不同意该说法（详见第一章至第五章）。与其他因素相比，文化是最重要的。我们已在前面的部分表明了这一观点。原因在于，就算你已经离开，文化也能长期留存在办公楼中。你或许会离开公司继续发展，但强大的文化不会。它能持续存在，影响好几代人。

此外，文化的传播范围能超出组织界限，影响力大得令人难以置信。文化能改变其接触的人，后者又能改变他们接触的人，如此递进。所有走进星巴克的人，不论是被咖啡店的乐观精神熏陶了也好，还是被它炫酷的、特立独行的风格感染了也罢，都会明白，文化能影响与之互动的任何人。作为领导者，如果你有志于将影响发挥到极致，就请学着成为“文化斗士”。

全世界最高效的文化斗士之一，是网飞前首席人才官帕蒂·麦考德。麦考德任职期间，网飞会议室里从不会贴什么空洞的价值口号。在成就网飞媒体巨头的路上，麦考德明确了公司最珍视的 9 条行为，并运用于一切有关招聘、薪酬或离职的决策中。麦考德做过一场著名的展示，用上百页幻灯片讲解了网飞的独特文化，以便新员工适应。之后，麦考德也不断强化这 9 条行为。比方说，如果同事拒绝互相反馈，她就会援引第 8 条“诚实”予以纠正。（麦考德的幻灯片不仅以“网飞的文化甲板”著称，还被脸书首席运营官雪莉·桑德伯格称为“硅谷史上最牛文件”。[5]）麦考德还要求员工相互质询，检验对方的行为是否与公司文化一致。这种质询被麦考德称作“勇气”，是“网飞 9 条”中的第 6 条。任职 10 多年后，麦考德离开了网飞。那时，公司的行事方式已完全符合她与首席执行官里德·哈斯廷斯的设想，员工们具有“好奇心”（第 4 条）、“创新力”（第 5 条）和“热情”（第 7 条）。此外，麦考德公开“文化甲板”后不久，网飞便推出了一整季《纸牌屋》，永远改变了全世界的影视节目消费方式。[6]

麦考德打造的文化能为网飞吸引富有创造力的卓越领导者。网飞的工作环境给予这些领导者高度自由，使其能蓬勃发展。在麦考德眼中，领导者们劲头十足、自知自律，就应该享有自由。麦考德喜欢把他们叫作“创新小牛犊”。“小牛犊”们痛恨特定角色或组织的束缚。他们想自由决策，不想被指手画脚。当然，他们更不会浪费时间读什么企业手册。他们甚至不愿被度假规定或消费政策限制，而这些基本上都已被网飞废除。网飞的消费政策是“一切为了网飞的最大利益”。

麦考德竭尽所能，先将“独立的小牛犊”引诱到网飞的大楼中，再让文化来引路，放他们自由。她和哈斯廷斯都没有对他们指手画脚，也没让任何人挡在路上。换言之，网飞最大的领导者时常故意缺席，在场外传递指令。而极为宝贵的、爱好自由的员工正希望领导者缺席。该模式揭示了领导力的另一条基本真理：最优秀的下属不希望你总是在场。文化给予你退出的勇气。

你的文化有问题吗?

2017年6月，优步的文化亟待改变。时任首席执行官的特拉维斯·卡兰尼克也意识到了这一点。迈克·艾萨克在著作《热血野心：优步的崛起与衰落》中写道，休假期间，卡兰尼克给全体员工写了一封电子邮件，但最终没有发送出去。①邮件经深思写就，措辞谦逊，体现出卡兰尼克的为人——与他今年春天留给我们的印象一模一样。卡兰尼克在开篇写道："过去7年里，公司取得了长足发展，但并未长大成人。"他很清楚，优步正面临文化挑战。[7]

卡兰尼克认为，自己应该对公司的文化失误负责。比如，不该不惜一切代价追求增长，也不该运用不恰当的方式处理利益关系。优步的价值观是，成为全球最有价值的初创公司。卡兰尼克坦言，该观念既成就了优步空前绝后的地位，也存在未曾料想的缺陷。"我们价值观的背后，是许多的好意。"卡兰尼克写道。但他也承认，这些价值观遭到了滥用和曲解。他将价值观的扭曲描述为"武器化"，引发了公众关注。

有时，"武器化"一词会被随意使用，但用来形容优步却十分贴切。我们对"价值的武器化"定义如下：操纵受人信

① 那时，优步董事会已着手免去卡兰尼克首席执行官的职位。

奉的价值观、剥夺他人的能力，或在极端情况下伤害他人的行为。“武器化”与领导力对立，旨在为“武器持有者”谋私利。“武器化”的价值仍披着旧信仰的外衣，实则面目全非。“武器化”的价值会改变对真理的定义，却不经过组织其余成员的同意。举个例子，我们曾与某家公司合作，“无条件信任”是其核心价值观之一。这是一个崇高的想法，旨在提醒人们彼此信任，少给别人“定罪”。然而，它逐渐用于镇压良性异议。经理或许会用“无条件信任”回绝直接下属，无视其提出的另一观点或对计划的质疑。

看得出来，优步的某些文化确实已“武器化”。这就是卡兰尼克邀请弗朗西丝加入优步的其中一个原因。我们至今仍在设想，如果早点接到电话，事情会如何发展，我们能否多帮点忙，让优步少吃些苦。根据我们的经验，“武器化”是衡量病态文化的滞后指标。我们旨在给予诊断和改变文化的工具，避免其恶化至“武器化”阶段。这时，你只需做些修复，不至于到拆除所有铁钉，进行彻底翻修的地步。

你如何知道公司的文化已处于关键时刻？人们通常会告诉你。这就是上述问题的答案，有点老套。苏珊·福勒在优步度过了非常奇怪的一年。将经历公之于众前，她很早就在公司内部报告过自己的遭遇。[8]据我们所知，卡兰尼克从未听说过她的事例。不过，多亏了福勒和其他勇敢的文化“吹哨人”，现在，文化上的反馈一定能传到所有需要听到意见的人的耳朵里。

职场规范将文化置于人才战争的中心。得益于此，文化已成为相对易懂的概念。优秀的员工希望雇主的价值观与自己相符，营造这种工作环境的呼声也越来越高。因此，如果你怀疑公司文化需要更新，建议你直接询问同事现有的文化中哪些有用、哪些无用。作为领导者，最关键的是要相信沙因的理论，找出文化变革的答案。

你询问同事，是为了建立合理的假设，并使用更系统化的方式加以检验（详见本章“文化变革手册”部分）。建议你以互动的方式私下收集这些非正式数据。你可以与人数不多的小组讨论，也可以一对一交流。建议你从团队中最具同理心的人入手，因为这类人能自然而然地与别人共情，比如诚实的人，以及由于一无所有而不在乎损失的人。进行离职面谈时，请讨论公司文化问题。（我们发现，如下问题在离职面谈中尤其有用：“我们获悉，你对公司文化十分上心。你认为在你或同事的文化体验中，有什么是我们应当了解的吗？”）地位、职能等变量会影响员工对真理的体验，你应当控制这些变量。如果公司文化带给员工的心理安全感很低，如果你确信自己得不到诚实的回答，那么请尽可能保护信息提供者。

以下是被证实有效的对话切入点，有助于你培养直觉：

- 你认为，在助人成功方面，我们的文化做得如何？我们的文化中，是否存在削弱员工效能的方面？

- 某些价值观或承诺是否已成空谈，甚至被“武器化”了？
- 我们的文化与当前的挑战和机遇相匹配吗？
- 若要实现最宏伟的目标，我们的文化要做出哪些改变？

构建直觉的过程中，比较难的一点是，你需要带着人类学家般的好奇心，以及作为领导者的强烈的责任感，用心倾听讨论的内容。你要带着为他人经历负责的态度，不论事情发生时你是否在场。抛弃自我和内在抗拒感，它们会成为阻碍。倾听的目的，是在说服别人之前说服自己，公司需要文化变革。

卡兰尼克的格言“踩别人的脚趾”臭名昭著，是达拉·科斯罗萨西接任优步首席执行官后最先公开废除的价值观之一。①科斯罗萨西在领英上发布了一篇帖子，阅读量很高，他解释道：“‘踩脚趾’旨在鼓励员工不受资历和职位的限制，大胆分享想法。然而，如今却经常被当作干坏事的借口。”[9] 接着，科斯罗萨西坦白了一个无法忽视的真相：那些被认同

① 该价值观最初被卡兰尼克表述为“任人唯贤和踩别人的脚趾”。卡兰尼克曾写过一份长达 50 页的文件，详细解释公司文化，其中包括对此价值观的解读。这体现了卡兰尼克的信念。卡兰尼克深信，好想法源于公司的任何角落。因此，应当在文化上给予低级别员工许可，允许他们“踩高级别员工的脚趾”，使自己的声音得到倾听。

的、成就优步今日的假设和行为，并不能一帆风顺地把公司带往明天，也不能让公司欣欣向荣、持续发展。

这种矛盾具有难以置信的普遍性，不仅限于技术初创公司。老实说，我们认为，每个组织都面临着类似的挑战。我们知道的所有公司或多或少都依赖着过时的假设和行为，它们需要更新，以如实反映公司现状。比起制造优势，你当前文化中的哪些因素弊大于利？在带领公司发展到现在的文化中，是否有部分元素阻碍你走向未来？（参见文本框“如何检查自己的文化”。）

如何检查自己的文化

听着，组织内部的规则并不是凭空出现的。这些规则通常源于文化塑造者的亲身体验，源于指导其行为的一些假设。换言之，公司集体认同的真理，追根溯源，来自领导者的内心、思想和个人经历。

我们认识的在文化上最成功的领导者会把亲身经历作为出发点，但不会局限于此，这是真正的高明之处。他们清楚，生活的教训，即促成其个人成败的假设和行为，不一定与公司现有的文化需要相符。举个例子，许多初创公司（创始人还任职的）都效仿优步的“披荆斩棘”价值观。带领组织从雏形发展到辉煌是相当了不起的成就，对参与其中的人影响深远。因此，奉行类似“披荆斩棘”的文化，是可以理解的。很少有企业家弃“披荆斩棘”不用，他们都会奋力拼搏。但是，我们为什么不提倡盲目拼命呢？

下面就是几个理由。你的公司可能处在需要更系统化运作的阶段。你的某些团队（例如法务部门）也可能需要更自由的文化，以开发新的思路。你不能让法律总顾问终日忙忙碌碌，相反，他们应当谨慎考虑如何保护公司的利益相关者。如果你发现自身经验与组织的行为要求产生了分歧，就得凭借灵活的思维随机应变，这才是关键。如果你跳出了个人经验的界限，不再排外，你就能够释放自己的领导力。

思维的灵活性要求你判断自己的信念及其影响，对领导者而言，这或许是最艰巨的工作。我们两人谦逊地寻找判断方法，发现在周末进行高强度的自我提升，对某人来说是愉快的，对另一人来说却是地狱。（在这一事例中，我们俩形象地体现了天平的两端。）不论你处于天平的什么位置，让他人参与你的反思过程都是好事，因为他人能发现你自己看不到的思维模式。[10]在你作为文化斗士重返大规模活动前，请停下来，把注意力放在自己身上，研究研究自己，哪怕只是一小会儿。建议你应用沙因的理论框架研究自己的“文化”。你研究自身，不是为了寻求确切答案，而是为了把你和组织的边界划分得更清楚。我们列了几个问题，助你开始这一过程：

- 在成就你领导地位的路上，哪些行为和假设最为重要？如果我们要采访你的“成功之道”，你会讲述哪些故事？
- 试着像写标语似的把你的故事写下来，体会构思的乐趣。例如“快速行动”、“永不将就”和“求知若渴”。此外，请想象如何艺术性地装潢办公室以传播文化、启发员工。（你的标语可以是“振翅翱翔”或“同舟共济海让路”。）你会使用哪些词汇和图片？
- 你的标语与公司当前的挑战是否一致？是否存在与标语不一致的挑战或情景？公司中，有没有你不愿悬挂海报的地方？
- 请你思考，作为领导者，你希望在未来产生什么影响？现有的行为和假设中，哪些对未来最重要、哪些值得改进、哪些需要放弃、哪些是你目前缺少的？

卡兰尼克在未发送的电子邮件中描述了自己的思维模式，并决心加以改变：“比起同理心，我更喜欢逻辑……”“我把决策看作交易……”“我奋斗，大多数时候是为了活下去……”随后的段落中，卡兰尼克承认，他不该将个人的世界观扩散并投射至整个公司，他要对此负责。卡兰尼克写道：“我以小制胜，做大时却失败了。”也就是说，成就你今日的因素和带你到未来（即领导者梦寐以求的影响力）的因素之间存在矛盾，每个人都得面对它。如果号称“技术小坏蛋”的卡兰尼克能克服它，那么它对你我来说都不是问题。

拳头游戏公司的深刻自省

2018年夏天，拳头游戏公司的领导团队被一则爆炸性新闻震醒。对当今每位领导者来说，这件事都是一场噩梦。新闻称，拳头游戏公司的文化歧视女性，出现了问题。[11] 几天后，拳头游戏公司公开发表道歉，发誓从根本上解决问题。[12]《英雄联盟》是拳头游戏公司开发的热门游戏，拳头游戏公司以对这款游戏的玩家的高度忠诚著称。拳头游戏公司承诺，要将同样的忠诚度和同理心带入员工关系中。拳头游戏公司对变革的承诺真挚且洪亮，我们因此同意与其合作。领导层很清楚，成就公司今日的假设和行为需要切实的改革。

积极倾听是领导团队迈出的第一步。报道公布后的几天里，领导层先后与数百名拳头游戏公司的员工举行了小型的互动会议，讨论哪里出了问题。沟通情感的过程中，领导层发现了一个主要现象：员工对强势的“兄弟文化”感到失望，该文化没有随着公司的发展而发展。成立初期的拳头游戏公司，是一家斗志昂扬、颇具颠覆性的公司。公司员工数量很少，都是电竞领域的失败玩家。他们因此把激情和抱负投入“更好服务其他玩家”的事业中。公司早期出台了《拳头宣言》，用语侧重某些具体化行为，诸如“打破惯例”。后来，公司规模越来越大，拥有了上千名员工，这些行为的实施背景便不再相同。“打破惯例”变成了“打破一切”。“认真游戏”则成为将部分同事边缘化的许可证。这些同事往往是女性，被其他员工主观地排除在“真正的游戏玩家”之外。

领导层迈出的第二步，是组建一支文化转型团队，并委托该团队起草调查问卷，在全公司展开调查，询问何种文化能使公司长期提供共鸣式游戏体验。问卷只有三个问题，十分简单直接：

- 你认为什么样的核心价值观能培育理想的公司文化？请随心所欲地详细描述。
- 公司当前的文化中，哪些元素阻碍你体验你描述的文化？
- 公司当前的文化中，哪些元素阻碍他人体验你描述的文化？

通过调查，领导层获得了真实的第一手资料。问卷显示，员工普遍对现状不满，渴望更具协作精神的工作环境。许多受访者希望公司以更具包容性的方式发展最初的愿景，使公司的初始价值观适应多元的员工组成，这是实现壮志宏图的必由之路。有一位受访者概括了整个团队的渴望："拳头最好的文化应该是这样的：员工携手同心，朝着带给玩家难忘的游戏体验的共同目标努力……对游戏的共同热情使我们聚拢，朝着相同的方向奋进。多元化是我们的优势。每个员工都有宝贵的经验和观点，享有平等地位。"[13]

最后一步，领导层邀请所有员工参加非强制的"文化规划会议"，鼓励员工重温最初的《拳头宣言》，此举极具象征意义。《拳头宣言》是公司最重要的文化产物。领导者给予员工更改它的权力。若确有必要，还可将其废除。领导者发放了纸笔，请求员工为其自身和团队设计更优的文化，在这种文化中，每个人都享有平等的成长机会。

拳头游戏公司员工的想法压倒性地一致，这令我们惊讶。他们想保留公司最初的核心愿景。员工普遍认为，如果公司能兑现承诺，切实履行初始价值观，如果初始价值观与拳头游戏公司如今的定位（不是"颠覆者"，而是"领导者"）一致，那么这些愿景仍具有意义。如今，拳头游戏公司既要创新，也要精心运作；既要创造力，也要广泛合作；既要给予玩家细致的关怀，也要照顾好彼此。这些在过去都可以取舍，但现在矛盾激化，不可能再取舍了。

2018 年 12 月，新闻公布几个月后，拳头游戏公司的领导层向员工分享了新的文化价值观。拳头游戏公司取缔了具有革命色彩的“宣言”一词，换用人们更为熟悉的词语。新价值观仍把玩家体验摆在第一位，同时弃用了破坏信任或助长排外的语言。新价值观力求实现“共同成长”，这对员工尤其重要。

新价值观也传达了拳头游戏公司其他的文化变革重点，比如，新增首席人才官和首席多元化官两个职位。新的领导团队包括两名女性（其中一位为有色人种），继续评估全部招聘和绩效管理系统。领导层投资建立了教育基金会，旨在教导员工如何共建包容性高绩效团队。领导层的任务，是使公司的现实与其新理想高度契合。

拳头游戏公司对包容性的宏伟志向已超越了其边界，这是最令我们振奋的。拳头游戏公司的领导层不仅持续提升着内部归属感，也在加倍努力，将包容性扩大至更广的范围中。拳头游戏公司正引领一项倡议，致力于建立游戏产业的多样性和包容性专业化工作组。拳头游戏公司每个月的玩家数量超过 8 000 万，因此，提升自身游戏产品中的身份代表性，也与其他别出心裁的优先项一样受到了拳头游戏公司的重视。成果是，拳头游戏公司给予了游戏中的女性角色和有色人种角色更多的重视。性少数群体的爱情故事也出现在精心制作的游戏背景中。在专门的多元化和包容性团队中，拳头游戏公司设立了一个全职岗位，负责提升产品的包容性。据我们所知，该职位是拳头游戏公司特有的。拳头游戏公司为其身份代表性的提升而感到自豪，所付出的努力也引发了新的共鸣，强化了如下结论（这是我们最爱的文化变革观点）：文化变革是不可遏制的。文化能改变所接触的人，文化变革能塑造人。在拳头游戏公司精彩的文化之旅中，人们把自己变成了文化斗士。

文化变革手册

在文化变革方面，我们对教学内容进行了深刻“打磨”，希望能为你的思维披上新的外衣。（不知为何，把“见解”比作“外衣”仍是弗朗西丝最爱的教育隐喻。）让我们花点时间，回顾本章开始时提出的问题：如果你能任意改变文化的内容，你会改变什么？

我们在下文列出了具体步骤。不过，在行动之前，建议你重复进行构建直觉的方法（前面提到过：建立小组，带着目的与员工对话），直到你确信公司存在文化问题。请记住，不是所有的组织问题都能用文化手段解决，但所有的文化问题都能用组织手段解决。换言之，所有文化问题都能先分解为各个部分再加以解决，那些最棘手的或最敏感的问题也不例外。解决文化问题不会太复杂，至多与你引领的某些倡议难度相当。因此，请把最乐观、最积极进取的自我带入这一过程。

如果你做好了准备，就请阅读“文化变革手册”。我们花了 10 多年研发并测试手册中的步骤，它们能助你把正确的信念转化为对组织的积极影响。

步骤 1：收集毁灭性数据

首先，描述文化变革能解决的问题。这些问题包括：公司目前的文化中，安全是否被排在其他优先项之后？在员工发展方面，是否呈现特定的人口趋势？公司是否过于谨慎、过于追求交易或过于自满？上述问题的答案，即“毁灭性”数据。这些数据仅用作发现问题，充分证明公司内部并非风平浪静。请以适当的格式获取并留存数据，以便日后对数据进行再测量，并演示进展。

步骤 2：（暂时）保存数据

请你抵制诱惑，不要立即将数据公之于众。在透明化与日俱增的时代，步骤 2 似乎有些不合常理。不过，如果未能指出有效的前进道路就与组织分享不容乐观的文化数据，组织成员便会出于好意就数据的准确性和充分性展开辩论，同时，其他人可能会迅速丧失动力，陷入极端沮丧。我们确实见过这种例子。有些领导者用意良好，在得出可行的纠正措施前就与成员共享并讨论了数据，可组织却失去了前进的动力，停滞了好几年。因此，请你只与合适的人分享数据，执行步骤 3，测试可能的解决方案。请暂时只把信息告诉需要知道的人。

步骤 3：尝试走一条严谨且乐观的前进道路

若要成功运行文化变革试点计划，“意图”、“设计”和“执行”这三个核心要素必不可少。

你的意图是，要证明成功的可能性，要向组织表明，问题可以在不伤害好人的前提下（相对）快速地解决。在意图阶段，你要让同事放心，你不是要谴责任何人，而是要释放组织的全部潜力，这通常很重要。你要以如下假设为出发点：你的员工经验丰富，用意良好，已经做出了合理的选择。如果试点计划获得成功，相同的员工会做出更合理的选择。这就是乐观的意图。

在设计阶段，请组建一支试验性领导团队，该团队应具备强大的行动力，能在直觉上深刻认识问题。应该由团队决定哪些组织行为需要变革，以及什么是最有效的变革手段。请再次应用沙因的理论，找出驱动这些行为的假设。你如何改变善良员工的思想？根据我们的经验，最持久的变革运动最终会对思维方式产生影响。也就是说，在设计阶段，直接推动行为或文化产物变革都是可行的。

接下来，在执行试点计划时，你要尽可能大胆些，发挥创造力，在各种条件下灵活应变、开展测试。应用试点时，不要选择进步难度低的团队或地点，否则会遭到批评，指责你对自己太过宽容。我们经常建议，应当把试点应用到最困难的情况中，得出最陡峭的学习曲线，在一开始就打消异见和怀疑。最后，请记录你所做的和所学的一切。请注意收集试点数据的形式，使数据具有说服力。怎么根据数据得出测试是成功的？你怎么知道自己建立了安全、互信、包容的文化？执行阶段结束时，你应当能明确回答上述问题。

步骤 4：让每个人都参与问题解决

现在，你可以把好消息告诉大家："没错，我们的文化有问题，不过已经有了解决方案，我们的见解不仅严谨，而且是基于证据的。"与组织成员共享测试前后的数据，详述你的所做所学。请让组织一直沿着乐观的道路前进，不要谴责任何团体，并遏制任何利己的动机。请组织成员广泛参与普及和改善解决方案的实践。请你注意，此阶段产生的创造力和行动力都比试点团队的多得多，因此时常取得魔法般的效果。这就是公司释放的魔法。拥抱它吧。（参见文本框"哈佛商学院文化变革手册"。）

哈佛商学院文化变革手册

弗朗西丝和同事一起，在一年内改变了哈佛商学院学生的性别文化。在这所百年学府中，对女学生和女教师的骚扰层出不穷。[14]我们已帮助不少领导者建立了更强的文化。但是，在哈佛商学院，与无所畏惧、才华横溢的同事合作后，我们才真正领悟了文化变革的基本真理。

我们学到，任何文化问题（甚至是“性别不平等”这类充斥着负面情感的问题）都是可分解的、可解决的。我们学到，人们能够为过去的荣光骄傲，同时果断解决紧急的道德问题，创造美好未来。我们学到，如果整个群体都站出来领导，就会释放无限的能量和创造力。这是所有文化变革的要求，也是“文化变革手册”的思想支柱。我们首先从哈佛商学院愿意重新定义真理的勇气中学到了它。

步骤 1：收集毁灭性数据

到了 2010 年，哈佛商学院的性别问题已显而易见。学校里，女性的挫败感很高，许多绩效指标中出现了不容乐观的人口模式：女性在学业上不及男性，对 MBA 学习经历的满意度也低于男性。在步骤 1，我们不必收集新数据，但必须选择指标，以负责任地衡量变革进展。我们选了“成就”和“情感”作为指标。如果能弄清楚指标的变化情况，我们就会知道变革的进展。

步骤2：（暂时）保存数据

拿到数据，我们采取的第一举措是什么？我们什么也没做，至少目前是这样的。不过，这些数据让哈佛商学院新任院长、著名组织行为学家尼廷·诺里亚看到了新的文化愿景。诺里亚组建了一支多元化领导团队，任命弗朗西丝为一年级课程总管。团队的职责是，保证每位学生都拥有发展机会。[15] 诺里亚为团队赋能，让事事可沟通、事事无禁忌，就连存在数十年的共同假设和行为也不能例外。

步骤3：尝试走一条严谨且乐观的前进道路

接下来，我们以氛围变革为基础，试行了多种变革。在校园里，就性别问题，人人都意识到自己肩负着沉重的义务。900多名一年级新生涌入伯登礼堂，倾听院长的欢迎致辞。他们听到的信息与学长、学姐有所不同。过去，欢迎致辞轻快有力，传达着“你已抵达目的地”的信号。然而，这届学生的初次会议聚焦的是赋能型领导的基石，即目标、责任以及对他人的幸福感负责。

学院把这一转变带入了课堂讨论。在未来的一年里，学院还坚持与新一届MBA学生对话。弗朗西丝与全体一年级学生进行了互动讨论，讨论分批次进行，一次只有90名学生参与。每次讨论时，弗朗西丝都请学生重新描述对领导力的假设，以及在哈佛商学院的经历："大家已经说过，来到哈佛商学院是为了学习领导力的意义。对我们来说，这意味着同舟共济、相得益彰，既对自己的选择负责，也对被领导者的选择负责。当你踏出校门，在领导之路上求索时，这些将是你的机会，也是你要承担的义务。在哈佛商学院，这些则是你需要遵守的标准。"

弗朗西丝和同事不仅试行了新氛围，还积极审视学院最神圣的杰作：案例教学法。事实证明，学业上的人口结构差异主要由班级参与度差异造成。当时，学院从职场得到反馈，并非所有毕业生都能得心应手地应对复杂多变的领导力挑战。比如，有的人不能潇洒面对失败，有的人无法建立包容性团队。在充斥着技术的新经济时代，蓬勃发展的公司都组建了小型团队，以此释放潜力，在不可预测的环境中快速行动、大胆梦想。案例教学法是学校的传统教学方式。若想具备造就上述空前成功的全部能力，只依赖案例教学法是不够的。

现实需要催生了新的变化，使实地教学法与案例教学法相辅相成，这是学校历史上最大的课程试验之一。

实地教学法将学生分成小组，分配体验性学习任务，旨在培养学生的领导力、协作能力和创造力。学校也采用了新教学方法：个人反思工具和反馈练习。反馈练习中，富有意义的小组合作结束后，学生应给予彼此诚实的评价。多年来，教师一直在尝试上述方法，却从未将其大规模应用于全体一年级学生。我们把实地教学法用于所有一年级学生，试用了大胆的课程，敦促学生不断反思自己的行为如何影响他人。现在，除了在理论世界中解决案例问题之外，学生还得在无情的现实背景下对自己是谁（以及不是谁）负责。

上述探索性的变革模拟了真实的职场环境，改善了MBA课程的学习体验，提供了更多元的成功之道，由此提升了包容性。学生若具备同理心和自知力，能正视并应对弱点，作为不完美的人去领导其他不完美的人，就会受到奖励。学生面临着建立信任、助人成功、与观点不同的队友通力合作的挑战，并沉浸其中。这些都是领导力的永恒真理，为全体学生指明了更严谨、更乐观的前进方向。将其纳入课程，不仅能使女性更好，还能使每个人都更好。

我们认为，这些创新举措带来了一个副产品：即使在微小的方面，学生也很难再去无视周围人的人性。一对一讨论时，学生间是亲密的；与被动选择的队友解决问题，学生会感到不适；与团队一起攻坚克难时，学生或许会产生共同的挫败感，这些都加深了学生的相互了解。目前，那些引发文化变革的事件（尤其是对学生和教师的骚扰），已经难以想象。

你要问文化变革的成果如何？短短一学年内，男性和女性学业表现的差距就完全消失了。MBA 学习经历满意度的差距也在缩小，速度同样惊人。这一改变不仅发生在男性和女性之间，还发生在美国学生和国际学生之间。而上述群体中存在的不平等问题曾旷日持久、根深蒂固，一度对学校构成挑战。试验持续了一年。到了年末，高度满意自己 MBA 学习经历的学生，从原先的约 50%跃升至 70%。随后的几年中，这一数字攀升得更高。有一名学生在休学后回校继续攻读学位，成了少数直接体验变革的学生之一。这名学生说，她回来后，感觉学校“焕然一新”。

步骤 4：让每个人都参与问题解决

接下来的几年里，学校着手将文化变革制度化，确实产生了魔法般的变化：每个人（甚至学生）都参与其中，用未曾设想的方式，完善着我们的变革方案。实地教学法的创新令人振奋，为了改善学生体验，设计了更具包容性的算法，还为 MBA 学生提供了更棒的儿童保育服务。此外，更严谨的个人反思工作得以应用，学生也发起了“荣誉准则”[①]运动。学校坚持“高标准，深奉献”原则，前进动力显著增加，潜力得到充分释放。

把“文化”加入头衔中

在人们眼中，文化变革通常是一件重要却不紧急的事，是日常工作完成后才会追求的崇高“副业”。然而，据我们所知，最成功的组织领导者会把文化置于工作的中心。他们是首席执行官，会低调地将“执行”换成“文化”，优先解读自己为“首席文化官”。他们是产品部、销售部或运营部的副总裁，会在心中给头衔里添上“文化”二字。不管职位等级如何，这些领导者都会悄悄地把文化写进职责说明中。

这正是微软首席执行官萨提亚·纳德拉及其领导团队的心态。正是这种心态成就了微软的高效领导。微软规模庞大，领导者进入各个办公室，同所有员工碰面的机会微乎其微。如果想改变这种公司，你别无选择，只能诉诸远距离领导，特别是文化领导。2013 年，纳德拉出任微软首席执行官。当时，纳德拉把文化改革称为自己最重要的职责，致力于探索新方法，在领导者缺席的情况下，让 13 万名员工完成工作方

① 美国大学关于考试和学术诚信的准则。——译者注

式变革。[16]

共同设想是纳德拉的切入点。他与首席人力资源官凯瑟琳·霍根（霍根在第四章出现过，还记得吗）紧密合作，将微软的未来押在了自己的能力上，即自己能否改变微软对最敏感话题的观念。话题包括赢、输、竞争、多元化，甚至还包括“作为统一的公司的一员意味着什么”。纳德拉的领导团队推崇卡罗尔·德韦克的“成长型思维”，并聚焦这一新思维能解锁的行为：取悦客户、高效协作，以及完全接纳包容性。他们首先在自己的团队中尝试新方法，随后找到了严谨乐观的道路，带动全公司一起向前。[17]

简言之，纳德拉成功了。纳德拉刚担任首席执行官时，微软的绩效停滞不前。5 年后，我们写本书时，微软股价达历史新高，已成为世界上最值钱的公司之一。微软的文化变革，也是我们听过的最扣人心弦的故事之一。整个公司都在竞争和创新，方式空前绝后。公司战略中的所有“楔块”都得到了扩大。无论你向哪个员工或哪个部门询问“什么发生了改变”，他们总会首先谈到文化。微软领导团队改变了公司的行事方式，用时快到创了纪录。

从一开始，纳德拉就下定决心，将创造和管理文化视为自己最重要的事。如果你做出同样的决定，事情会怎样？你会成为怎样的领导者？身为作者，我们冒着越界的风险（但我们不想停下）表达对你的信任：你能成为卓越的领导者，比你梦想达到的还要卓越。这种领导者不仅能释放个人，还能释放整个组织，乃至释放其他组织。这种领导者能改变人生、改变制度，甚至改变国家。我们想生活在这种领导力下的世界。我们想让子孙生活在这种领导力下的世界。在书中，我们已经给予你通行证，指出了关键路标，以便你继续出发，成为卓越的领导者，为身边所有人赋能。这就是此书最大的愿望。

思考题

√ 作为领导者，你目前把文化排在优先项清单的第几位？

√ 如果你能任意改变企业文化的内容，你会改变什么？哪些行为或潜在的态度正阻碍你的组织取得成功？

√ 你公司的文化中，某些价值观或承诺是否已成空谈，甚至被“武器化”了？哪些对成功至关重要的价值观缺失了？

√ 哪些信念或行为促使你成为成功的领导者？若考虑到你在未来的影响，是否有部分价值观或行为需要完善或扔掉？

√ 作为领导者，如果组织文化是你最先考虑的事项，你所做的和现在相比，会有什么不同？你会更关注谁，更关注什么？

注 释

第一章 领导力的重点不在于你

1. 我们在《哈佛商业评论》(2011 年 1—2 月)上与同事罗宾·埃利合作的一篇文章中介绍了这一定义的早期版本，文章题为《停止拖延》。罗宾一直是我们私下的朋友和专业领域的重要合作者及灵感来源。她让我们变得更好。
2. David Gelles, “Stacy Brown-Philpot of TaskRabbit on Being a Black Woman in Silicon Valley,” *New York Times* , July 13, 2018, https://www.nytimes.com/2018/07/13/business/stacy-brown-philpot-taskrabbit-corner-office.html .
3. Dave Lee, “On the Record: TaskRabbit's Stacy Brown-Philpot,” *BBC News*, September 15, 2019, https://www.bbc.com/news/technology-49684677 .
4. Reid Hoffman, “Keep Humans in the Equation—with TaskRabbit's Stacy Brown-Philpot,” *Masters of Scale* (podcast), October 9, 2019, https://mastersofscale.com/stacy-brown-philpot-keep-humans-in-the-equation-masters-of-scale-podcast/ .
5. “The Reid Hoffman Story—Make Everyone a Hero,” WaitWhat, *Masters of Scale* (podcast), October 23, 2019, https://mastersofscale.com/reid-hoffman-make-everyone-a-hero/ .
6. “Claire Hughes Johnson: How Stripe's COO Approaches Company Building,” Lattice, YouTube, May 15, 2018, https://www.youtube.com/watch?v=vIHKzRub7ts .
7. Gen. Martin E. Dempsey, “Mission Command White Paper,” Office of the Chairman of the Joint Chiefs of Staff, Washington, DC, April 2012.
8. Gallup, *State of the Global Workforce* (New York: Gallup Press, 2017).

第二章 信 任

1. Susan Fowler, "Reflecting on One Very, Very Strange Year at Uber," *Susan Fowler* (blog), February 19, 2017, https://www.susanjfowler.com/blog/2017/2/19/reflecting-on-one-very-strange-year-at-uber .
2. 卡拉·斯威舍是无处不在的记者、企业家和科技行业的良知，她定期撰文，表示业界迫切需要加强领导力和问责制。
3. 弗朗西丝在 TED（私有非营利机构）发表题为"如何建立（和重建）信任"的演讲时探讨了这些想法。（TED Talk, TED2018, Vancouver, April 13, 2018.）
4. Ethan S. Bernstein and Stephen Turban, "The Impact of the 'Open' Workspace on Human Collaboration," *Philosophical Transactions of the Royal Society B: Biological Sciences* (2018).
5. 我们要感谢天·拉森帮助我们最终完成了这张图。
6. Yvon Chouinard, *Let My People Go Surfing: The Education of a Reluctant Businessman—Including 10 More Years of Business Unusual* (New York: Penguin Books, 2016), 1.
7. Jeff Beer, "How Patagonia Grows Every Time It Amplifies Its Social Mission," *Fast Company*, February 21, 2018, https://www.fastcompany.com/40525452/how-patagonia-grows-every-time-it-amplifies-its-social-mission .
8. Rose Marcario, "Patagonia CEO: This Is Why We're Suing President Trump," *Time*, December 6, 2017, https://time.com/5052617/patagonia-ceo-suing-donald-trump/ .
9. Alana Semuels, "'Rampant Consumerism Is Not Attractive.' Patagonia Is Climbing to the Top—and Reimagining Capitalism Along the Way," *Time*, September 23, 2019, https://time.com/5684011/patagonia/ .
10. Michael Corkery, "Walmart Says It Will Pay for Its Workers to Earn College Degrees," *New York Times*, May 30, 2018, https://www.nytimes.com/2018/05/30/business/walmart-college-tuition.html .
11. Paulo Freire, *Teachers as Cultural Workers: Letters to Those Who Dare to Teach* (Boulder, CO: Westview Press, 1998).
12. Victoria L. Brescoll and Eric Luis Uhlmann, "Can an Angry Woman Get Ahead? Status Conferral, Gender, and Expression of Emotion in the Workplace," *Psychological Science* 19, no. 3 (2008): 268–275, https://www.jstor.org/stable/40064922; Adia

Harvey Wingfield, "The Modern Mammy and the Angry Black Man: African American Professionals' Experiences with Gendered Racism in the Workplace," *Race, Gender, & Class* 14, no. 1/2 (2007): 196–212, https://www.jstor.org/stable/41675204 .

13. Amy Edmondson, *The Fearless Organization* (Hoboken, NJ: John Wiley & Sons, Inc., 2018).
14. Ibid., 45.
15. David Gigone and Reid Hastie, "The Common Knowledge Effect: Information Sharing and Group Judgment," *Journal of Personality and Social Psychology* 65, no. 5 (1993): 959–974.
16. 我们最喜欢的正念布道者之一是美国广播公司的新闻记者丹·哈里斯，他的著作《10% 的快乐：我如何驯服头脑中的声音，在不失去优势的情况下减轻压力，并找到真正有效的自助——一个真实的故事》（*10% Happier: How I Tamed the Voice in My Head, Reduced Stress without Losing My Edge, and Found Self-Help That Actually Works—A True Story*）（New York: Harper Collins, 2014）非常棒，这本书记录了哈里斯从患有恐高症到不再受消极思想支配的历程。
17. Anne Morriss, Robin J. Ely, and Frances Frei, "Managing Yourself: Stop Holding Yourself Back," *Harvard Business Review*, January–February 2011.
18. Christina Pazzanese, "Teaching Uber instead of HBS Students," Business & Economy, *Harvard Gazette* , June 6, 2017, https://news.harvard.edu/gazette/story/2017/06/harvard-business-school-professor-to-tackle-ubers-controversial-internal-culture/ .
19. Mike Isaac, "Inside Uber's Aggressive, Unrestrained Workplace Culture," Technology, *New York Times* , February 22, 2017, https://www.nytimes.com/2017/02/22/technology/uber-workplace-culture; Rani Molla, "Half of U.S. Uber Drivers Make Less Than $10 an Hour after Vehicle Expenses, According to New Study," *Vox* , October 2, 2018, https://www.vox.com/2018/10/2/17924628/uber-drivers-make-hourly-expenses .
20. Leslie Hook, "Can Uber Ever Make Money?," Uber Technologies Inc., *Financial Times*, June 22, 2017, https://www.ft.com/content/09278d4e-579a-11e7-80b6-9bfa4c1f83d2 .
21. Asma Khalid, "Uber Taps Harvard Business School's Frances Frei to Turn Company in Right Direction," WBUR, December 21, 2017, https://www.wbur.org/bostonomix/2017/12/21/uber-hires-frances-frei .
22. Mike Isaac, "How Uber Deceives the Authorities Worldwide," Technology, *New York Times*, March 3, 2017, https://www.nytimes.com/2017/03/03/technology/uber-greyball-program-evade-authorities .

23. Kara Swisher, “Uber CEO Travis Kalanick Says the Company Has Hired Former Attorney General Eric Holder to Probe Allegations of Sexism,” *Vox*, February 20, 2017, https://www.vox.com/2017/2/20/14677546/uber-ceo-travis-kalanick-eric-holder-memo .
24. Special Committee of the Board, “Covington Recommendations” (Google Doc, 2017), https://drive.google.com/file/d/0B1s08BdVqCgrUVM4UHBpTGROLXM/view .
25. Sasha Lekach, “Uber Drivers Really Wanted In-app Tipping for a Reason: $600 Million Made in First Year,” Tech, Mashable, June 21, 2018, https://mashable.com/article/uber-tipping-600-million-first-year/ .
26. Johana Bhuiyan, “Uber’s Sleek New Product? Your Safety,” *Vox*, September 6, 2018, https://www.vox.com/2018/9/6/17824294/uber-safety-product-features .
27. Sheelah Kolhatkar, “At Uber, a New C.E.O. Shifts Gears,” *New Yorker*, March 30, 2018, https://www.newyorker.com/magazine/2018/04/09/at-uber-a-new-ceo-shifts-gears; Dara Khosrowshahi, “A New Future for Uber and Grab in Southeast Asia,” Uber Newsroom, March 26, 2018, https://www.uber.com/newsroom/uber-grab/ .
28. 弗朗西丝与卡拉·斯威舍就工作重点以及该方法如何在其他公司使用进行了详细交谈。以下是对话的完整记录：https://www.vox.com/2017/8/4/16092766/transcript-uber-svp-leadership-diversity-women-culture-frances-frei-live-onstage-recode-decode .
29. Leslie Hook, “Can Frances Frei Fix Uber?” Uber Technologies Inc., *Financial Times*, September 10, 2017, https://www.ft.com/content/a64de182-93b2-11e7-a9e6-11d2f0ebb7f0 .
30. Kara Swisher, “Uber’s Culture Fixer, Frances Frei, Is Leaving the Company,” *Vox* , February 27, 2018, https://www.vox.com/2018/2/27/17058348/uber-culture-frances-frei-depart-travis-kalanick-dara-khosrowshahi-harvard-business-school .
31. Mike Isaac, “Uber Sells Stake to SoftBank, Valuing Ride-Hailing Giant at $48 Billion,” Technology, *New York Times*, December 28, 2017, https://www.nytimes.com/2017/12/28/technology/uber-softbank-stake.htm .

第三章　爱

1. 我们非常感谢哈佛大学令人惊叹的埃玛·登奇教授为我们介绍了瓦勒留斯·马克西莫斯，以及她的许多其他好久没见面的朋友。2015 年秋天，埃玛和弗朗西丝共同为 MBA 学生讲授了一门名为“古罗马领导力”的课程。这段经历深刻地改变了我们思考过去和现在的方式，以及过去和现在的亲密关系。本章试图尊重这一天赋。

2. Valerius Maximus, *Memorable Doings and Sayings, Volume II: Books 6–9*, ed. D. R. Shackleton Bailey (Cambridge, MA: Harvard University Press, 2000).
3. Ibid., 65.
4. Kevin Kelleher, "AMD's 50-Year Tug-of-War with Intel Just Took an Interesting Turn," *Fortune*, May 29, 2019, https://fortune.com/2019/05/28/amd-intel-ryzen/ .
5. Lydia Dishman, "How This CEO Avoided the Glass Cliff and Turned around an 'Uninvestable' Company," *Fast Company*, September 10, 2018, https://www.fastcompany.com/90229663/how-amds-ceo-lisa-su-managed-to-turn-the-tech-company-around .
6. 过去 15 年来，我们一直在向学生分发这种框架的小卡片。在这个星球的几乎每个角落，我们都有过这样一次可怕的经历：我们遇到了一个人，他拿出了一张卡片（在被塞进钱包多年后，卡片有时会被撕破或变黄），并告诉我们这些想法如何改变了他的生活。我们为这些时刻而活。
7. 我们的朋友埃米·埃德蒙森在她的精彩著作《无畏的组织》中提供了一个类似的框架，该框架源自她在心理安全方面的开创性工作。在这里，她描述了高标准和高心理安全的最佳表现状态。
8. "Peru: Journey to Self-Reliance FY 2019 Country Roadmap," USAID, https://selfreliance.usaid.gov/country/peru .
9. Maximus, *Memorable Doings and Sayings*, 82.
10. Ibid., 84.
11. Carol Dweck, *Mindset: The New Psychology of Success* (New York: Random House, 2006), 71–72.
12. Marcus Buckingham and Ashley Goodall, "The Feedback Fallacy," *Harvard Business Review*, March–April 2019.
13. Walter Isaacson, "The Real Leadership Lessons of Steve Jobs," *Harvard Business Review*, April 2012, https://hbr.org/2012/04/the-real-leadership-lessons-of-steve-jobs .
14. Ibid.
15. Jolie Kerr, "How to Talk to People, According to Terry Gross," *New York Times*, November 17, 2018, https://www.nytimes.com/2018/11/17/style/self-care/terry-gross-conversation-advice.html .

第四章　归属感

1. 在这一领域有太多优秀的作品，我们无法恰当地加以表彰，但最近启发我们的思想家和学者包括莫杜佩·阿基诺拉、梅琳达·盖茨（没错，就是那个梅琳达·盖茨）、鲍里斯·格罗斯伯格、丹尼斯·莱温·劳埃德、安东尼·梅奥、劳伦·里维拉和劳拉·摩根·罗伯茨。对于一生的智力冒险，从他们关于种族和性别平等的工作开始。
2. AnitaB.org, "Homepage," https://ghc.anitab.org .
3. Pamella de Leon, "Entrepreneur Middle East's Achieving Women 2019: Cammie Dunaway, Chief Marketing Officer, Duolingo," *Entrepreneur*, September 22, 2019, https://www.entrepreneur.com/article/339699 .
4. Maureen Farrell et al., "The Fall of WeWork: How a Startup Darling Came Unglued," *Wall Street Journal*, October 24, 2019, https://www.wsj.com/articles/the-fall-of-wework-how-a-startup-darling-came-unglued-11571946003 .
5. TED, "The TED Interview: Frances Frei's Three Pillars of Leadership," *A TED Original Podcast*, Podcast audio, November 2019, https://www.ted.com/talks/the_ted_interview_frances_frei_s_three_pillars_of_leadership .
6. 斯坦福大学的 VMware 女性领导力创新实验室和 LeanIn.Org 是两个在女性领导力代表性方面做了大量工作的应用研究和职能支持组织。可以尝试注册这两个组织的账号来迈出实践的第一步。
7. Alex Coop, "Leaders in Davos Stress Diversity and Inclusion of Women in Tech," IT Business, January 26, 2018, https://www.itbusiness.ca/news/leaders-in-davos-stress-diversity-and-inclusion-of-women-in-tech/98784.
8. Alison M. Konrad, Vicki Kramer, and Sumru Erkut, "Critical Mass: The Impact of Three or More Women on Corporate Boards," *Organizational Dynamics* 37, no. 2 (2008): 145–164.
9. Paul Solman, "How Xerox Became a Leader in Diversity—and Why That's Good for Business," *PBS News Hour*, September 15, 2014, https://www.pbs.org/newshour/economy/xerox-employees-arent-carbon-copies.
10. 这项工作的大部分功劳归于马特·贾汉苏兹，他组建了一支来自不同行业和拥有不同生活经历的团队，以一家高增长公司所需的速度前进。
11. Dave Itzkoff, "Samantha Bee Prepares to Debut 'Full Frontal,'" *New York Times*,

January 6, 2016, https://www.nytimes.com/2016/01/10/arts/television/samantha-bee-prepares-to-break-up-late-night-tvs-boys-club.html.

12. Ibid.
13. National Public Radio (NPR), "Only 3 Minority Head Coaches Remain in the NFL Ahead of Post-Season Play," https://www.npr.org/2019/01/04/682350052/only-3-minority-head-coaches-remain-in-the-nfl-ahead-of-post-season-play.
14. Catherine E. Harnois and João L. Bastos, "Discrimination, Harassment, and Gendered Health Inequalities: Do Perceptions of Workplace Mistreatment Contribute to the Gender Gap in Self-reported Health?" *Journal of Health and Social Behavior* 59, no. 2 (2018): 283–299.
15. 我们有无数资源来支持你创建安全健康的工作场所。作为一个起点，我们喜欢EEOC（公平就业机会委员会）关于"有希望的实践"的在线总结：https://www.eeoc.gov/eeoc/publications/promising-practices.cfm。
16. Amy Edmondson, *The Fearless Organization* (Hoboken, NJ: John Wiley & Sons, Inc., 2019), xvi.
17. Amy Elisa Jackson, "Why Salesforce's New Equality Chief Is Thinking Beyond Diversity," *Fast Company*, March 20, 2017, https://www.fastcompany.com/3069082/why-salesforces-new-equality-chief-is-thinking-beyond-diversity.
18. 弗兰克·弗林教授目前在斯坦福大学任教，他在哥伦比亚大学教书时，在最初的"海蒂·罗伊森"案例的基础上开发了这个实验。(Kathleen L. McGinn and Nicole Tempest, "Heidi Roizen," Case 800-228 [Boston: Harvard Business School, 2000; revised 2010.].) 这是一种出色的教育方式。
19. Shana Lebowitz, "Microsoft's HR Chief Reveals How CEO Satya Nadella Is Pushing to Make Company Culture a Priority, the Mindset She Looks for in Job Candidates, and Why Individual Success Doesn't Matter as Much as It Used To," *Business Insider*, August 16, 2019, https://www.businessinsider.com/microsoft-hr-chief-kathleen-hogan-company-culture-change-satya-nadella-2019-8.
20. Rachel Bachman, "U.S. Women's Soccer Games Outearned Men's Games," *Wall Street Journal*, June 17, 2019, https://www.wsj.com/articles/u-s-womens-soccer-games-out-earned-mens-games-11560765600.
21. John A. Byrne, "Harvard B-school Dean Offers Unusual Apology," *Fortune*, January 29, 2014, https://fortune.com/2014/01/29/harvard-b-school-dean-offers-unusual-apology.

第五章 战 略

1. 除了与世界上一些最有效的战略运营商并肩工作的特权之外，许多经验深刻地影响了我们对战略的理解。弗朗西丝在哈佛商学院教授了必修的策略课程，该课程是哈佛商学院战略部门的迈克尔·波特、扬·里夫金、巴拉特·阿南德和其他许多了不起的教师的智慧结晶。此外，安妮还与 OTF 集团合作多年。OTF 集团是一家全球咨询公司，将迈克尔·波特的理念和框架应用于新兴经济体建立竞争力的挑战上。
2. Frances Frei and Anne Morriss, *Uncommon Service: How to Win by Putting Customers at the Core of Your Business* (Boston: Harvard Business Review Press, 2012).
3. 我们的同事扬·里夫金向我们介绍了一种可视化工具，属性图允许你根据细分市场的关键产品功能排名来衡量相对于竞争对手的公司绩效。
4. James L. Heskett, "Southwest Airlines 2002: An Industry under Siege," Case 803-133 (Boston: Harvard Business School, 2003); and Frances X. Frei and Corey B. Hajim, "Rapid Rewards at Southwest Airlines," Case 602-065 (Boston: Harvard Business School, 2001; revised 2004).
5. 2006 年 12 月，我们从哈佛商学院贝克基金会的教授厄尔·萨瑟那里听到了这个故事。在弗赖和莫里斯的《非同寻常的服务：如何以客户为核心开展业务》中有更详细的叙述。
6. Patty Azzarello, *Rise: 3 Practical Steps for Advancing Your Career, Standing Out as a Leader, and Liking Your Life* (New York: Ten Speed Press, 2012).
7. 本节中的许多想法也在弗朗西丝与费利克斯·奥贝霍尔泽－吉合著的小册子《更好、更简单的策略》中进行了描述（Frances X. Frei and Felix Oberholzer-Gee, "Better, Simpler Strategy," Baker Library, Boston, September 2017）。费利克斯是我们的朋友和同事，他对战略原则有着深刻的理解，并对其进行了清晰的描述。他的精彩著作《基于价值的战略：了解卓越绩效指南》（*Value-based Strategy: A Guide to Understanding Exceptional Performance*）即将出版。
8. 该框架是基于价值的战略的一个例证，这是一种基于迈克尔·波特、亚当·布兰登布格尔和哈博·斯图尔特的基础工作的战略管理方法。
9. David Yoffie and Eric Baldwin, "Apple Inc. in 2015," Case 715-456 (Boston: Harvard Business School, 2015).
10. Tim O'Reilly, *WTF: What's the Future and Why It's Up to Us* (New York: Harper

Business, 2017).

11. Tony Hsieh, *Delivering Happiness* (New York: Grand Central Publishing, 2010), 185–186.

12. Ibid., 187–188.

13. Zeynep Ton, *The Good Jobs Strategy: How the Smartest Companies Invest in Employees to Lower Costs and Boost Profits* (New York: Houghton Mifflin, 2014).

14. QuikTrip, "QuikTrip Opens 800th Store, Celebrates Huge Growth Milestone in Its 60-Year History," *QuikTrip News*, April 3, 2019, https://www.quiktrip.com/About/News/quiktrip-opens-800th-store-celebrates-huge-growth-milestone-in-its-60-year-history .

15. Joe Nocera, "The Good Jobs Strategy," *New York Times*, July 7, 2015. https://www.nytimes.com/2015/07/07/opinion/joe-nocera-the-good-jobs-strategy.html .

16. Neil Irwin, "Maybe We're Not All Going to Be Gig Economy Workers after All," *New York Times*, September 15, 2019, https://www.nytimes.com/2019/09/15/upshot/gig-economy-limits-labor-market-uber-california.html .

17. David Gelles, "Stacy Brown-Philpot of TaskRabbit on Being a Black Woman in Silicon Valley," *New York Times*, July 13, 2018, https://www.nytimes.com/2018/07/13/business/stacy-brown-philpot-taskrabbit-corner-office.html .

18. David Lee, "On the Record: TaskRabbit's Stacy Brown-Philpot," *BBC News*, September 15, 2019, https://www.bbc.com/news/technology-49684677 .

19. Casey Newton, "TaskRabbit Is Blowing Up Its Business Model and Becoming the Uber for Everything," The Verge, June 17, 2014, https://www.theverge.com/2014/6/17/5816254/taskrabbit-blows-up-its-auction-house-to-offer-services-on-demand .

20. Lee, "On the Record: TaskRabbit's Stacy Brown-Philpot."

21. James K. Willcox, "Cable TV Fees Continue to Climb," *Consumer Reports*, October 15, 2019, https://www.consumerreports.org/tv-service/cable-tv-fees/ .

22. Steven J. Spear and H. Kent Bowen, "Decoding the DNA of the Toyota Production System," *Harvard Business Review*, September 1, 1999.

23. Shawn Achor et al., "9 Out of 10 People Are Willing to Earn Less Money to Do More-Meaningful Work," *Harvard Business Review*, November 6, 2018.

24. Brittain Ladd, "Amazon CEO Jeff Bezos Believes This Is the Best Way to Run Meetings," *Observer*, June 10, 2019, https://observer.com/2019/06/amazon-ceo-jeff-bezos-meetings-success-strategy/ .

25 . "Amazon CEO Jeff Bezos: It Is Always Day One," YouTube, 2018, https://www.youtube.com/watch?v=KPbKeNghRYE .

26 . 我们正在转述安妮的一位写作老师——出色的罗达·弗拉克斯曼——的想法。弗拉克斯曼在布朗大学教授英美文学，她还指导布朗大学的整个写作课程计划，并会发表维多利亚文学作品。

27 . Jan Carlzon, *Moments of Truth* (New York: HarperBusiness, 1987).

28 . Ibid., 88.

29 . Elizabeth Dunn, "Momofuku's Secret Sauce: A 30-Year-Old C.E.O.," *New York Times*, August 16, 2019, https://www.nytimes.com/2019/08/16/business/momofuku-ceo-marguerite-mariscal.html .

30 . Tsedal Neeley, *The Language of Global Success: How a Common Tongue Transforms Multinational Organizations* (Princeton, NJ: Princeton University Press, 2017).

第六章　文　化

1. Michael Basch, *Customer Culture: How FedEx and Other Great Companies Put the Customer First Every Day* (Upper Saddle River, NJ: Prentice Hall PTR, 2003), 8.

2. Edgar H. Schein, *Organizational Culture and Leadership* (San Francisco: Jossey-Boss, 1991).

3. Norm Brodsky, "Learning from JetBlue," *Inc.*, March 1, 2004.

4. Schein, *Organizational Culture and Leadership*, 2.

5. Nancy Hass, "And the Award for the Next HBO Goes To …," *GQ* , January 29, 2013, https://www.gq.com/story/netflix-founder-reed-hastings-house-of-cards-arrested-development .

6. 麦考德在她精彩的著作《网飞文化手册》(USA: Silicon Guild, 2017) 中讲述了整个故事。

7. Mike Isaac, *Super Pumped: The Battle for Uber* (New York: W.W. Norton & Company, Inc., 2019), 265.

8. 任何关心正确文化的人都应该读苏珊·福勒的书,《告密者：我的硅谷之旅，在优步为正义而战》(New York: Viking, 2020)。

9. Dara Khosrowshahi, "Uber's New Cultural Norms," LinkedIn (blog), November 7, 2017, https://www.linkedin.com/pulse/ubers-new-cultural-norms-dara-khosrowshahi/ .

10. 我们钦佩像杰里·科隆纳这样的世界级领导力教练的做法，他将自己的职业生涯奉献给帮助领导者打乱从个人历史到公司功能失调的道路。他写了一本关于这次经历的好书，书名为《重启：领导力与成长的艺术》(New York: Harper Business, 2019)。

11. Cecilia D'Anastasio, "Inside the Culture of Sexism at Riot Games," Kotaku, August 7, 2018, https://kotaku.com/inside-the-culture-of-sexism-at-riot-games-1828165483 .
12. Riot Games, "Our First Steps Forward," News, Riot website, August 29, 2018, https://www.riotgames.com/en/who-we-are/our-first-steps-forward .
13. Riot internal survey data, collected November 2019.
14. Jerry Useem, "Harvard Business School's 'Woman Problem,'" *Inc.,* June 1, 1998, https://www.inc.com/magazine/19980601/940.html .
15. 该团队包括由扬米·穆恩担任 MBA 项目主席，由汤姆·艾森曼担任 MBA 选修课程（第二学年）负责人，由罗宾·埃利担任文化和社区领袖。
16. Satya Nadella, Greg Shaw, and Jill Tracie Nichols, *Hit Refresh: The Quest to Rediscover Microsoft's Soul and Imagine a Better Future for Everyone* (New York: HarperBusiness, 2017).
17. Ibid, 4–11, 80–95.

后　记

我们的许多观点和案例，都来自同特定组织的合作经验。不论是以个人身份，还是与我们创立的公司（包括莫里斯集团）合作，我们都积极地为书中提到的公司（比如拳头游戏公司、优步和 WeWork）提供建议。此外，弗朗西丝教学经验丰富，曾任哈佛商学院高管教育项目教师，还曾在私立高管教育机构中任教。借这些机会，她与书中出现的公司领导者进行了接触。最后，书中提到的部分公司是领导力联合会（The Leadership Consortium，TLC）的客户，TLC 由我们成立，安妮是执行创始人。这些公司派出了极具潜力的领导者，参与 TLC 的“领导者计划”，该计划旨在帮助女性和有色人种胜任高级领导职位。

致 谢

本项目即将完成，我们心中百感交集：因书稿撰写完毕而如释重负，因继续前行而决心满满，因不可避免的遗漏感到遗憾。但是，上述种种都被更强大的情绪压倒，那就是我们深深的感谢——感谢所有成就本书的人。

首先，我们要感谢由凯蒂·博兰和弗兰切斯卡·埃利-斯彭斯领导的研究团队。感谢他们无畏的精神，感谢他们优异且辛勤的工作。他们坚持追求正直和真理，使本书更加完善。

哈佛商业评论出版社的卓越团队自始至终都在维护本书的观念，对本书的写作给予鼓励。我们要特别感谢梅琳达·梅里诺这位具有远见卓识的编辑，她做事专业、表达清晰、耐心沉着、言出必行，引领我们完成了写作工作。

感谢我们的忠实读者。在我们最需要脱离自我的时候，他们起了重要作用。感谢埃米·贝尔宁、埃玛·登奇、卡洛斯·弗洛里斯、泽达尔·尼利、萨拉·舒茨、梅利莎·斯塔蒂斯和利比·撒克。感谢戴维·A. 普赖斯，他才华横溢，为本书绘制了大量插图。

数十年来，在这场冒险之旅中，哈佛商学院的朋友和同事一直陪伴在我们左右，不论私交还是职场。我们特别感谢埃米·埃德蒙森、罗宾·埃利、简·哈蒙德、扬米·穆恩和尼廷·诺里亚。感谢他们的友谊、领导以及理智的勇气。我们尽最大努力感谢他们，感谢他们的思想塑造了我们，他们对我们的影响无比巨大，千言万语也无法表达。要知道，书中提及扬米的频率，比她对我们的生活、对我们的学校的影响小得多。特别要提及的是，扬米领导了哈佛商学院的文化转型，深深影响了我们对“可能性”的认知和志向。

感谢我们的儿子亚历克和本。在本书的写作过程中，他们一直激励、支持并包容我们，简直太棒了。我们想让儿子们知道，他们永远都被我们深爱着。感谢其余家人和朋友，感谢你们帮助创造了本项目，感谢你们在我们不得不“消失”时给予的理解。我们还想说，在家中，我们有一个超棒的“后援团”，使我们成为母亲，使我们活跃于这个世界。没有你们，就没有我们现在做成的一切。

无数作家影响了我们，他们具备高超的技巧和远见卓识。这些作家中，有的无所畏惧、笔耕不辍，有的已然仙逝、名垂千古。在写作的过程中，我们频频想起这些榜样，想起他们的影响。我们冒昧地列出感谢名单，包括但不限于雷切尔·赫尔德·埃万斯、克拉丽斯·利斯佩克托和托尼·莫里森，还有我们亲爱的朋友柯蒂斯·西滕费尔德、卢西恩·特拉斯科特和珍妮特·温特森。

最后，想对所有我们有幸学习过的杰出领袖说，本书不仅是为你们而写的，也是由你们而写的，并且在很大程度上，是因你们而写的。带着勇气、智慧和意愿，你们分享着自己的领导力之路，为许许多多的人赋能，我们也位列其中。